深夜树洞

LATE NIGHT TREE HOLE

——大学生与心理咨询师的书信对话

主　编　姚玉红
副主编　章秀明　王乐实　廖一明　王小莉

同济大学出版社
TONGJI UNIVERSITY PRESS

图书在版编目(CIP)数据

深夜树洞：大学生与心理咨询师的书信对话 / 姚玉红主编. —上海：同济大学出版社，2020.6（2021.5重印）
ISBN 978-7-5608-9250-4

Ⅰ.①深… Ⅱ.①姚… Ⅲ.①大学生—心理健康—健康教育—案例 Ⅳ.①G444

中国版本图书馆CIP数据核字(2020)第068329号

深夜树洞:大学生与心理咨询师的书信对话

主编 姚玉红 **副主编** 章秀明 王乐实 廖一明 王小莉
责任编辑 孙丽燕 **插　图** 张 菁 **责任校对** 徐春莲 **封面设计** 钱如潺

出版发行　同济大学出版社　www.tongjipress.com.cn
（地址:上海市四平路1239号　邮编:200092　电话:021-65985622）
经　销　全国各地新华书店
排　版　南京文脉图文设计制作有限公司
印　刷　常熟市大宏印刷有限公司
开　本　710 mm×960 mm　1/16
印　张　14.25
字　数　285 000
版　次　2020年6月第1版　2021年5月第3次印刷
书　号　ISBN 978-7-5608-9250-4

定　价　58.00元

本书编委会

主　编

姚玉红

副主编

章秀明　王乐实　廖一明　王小莉

编　委

殷　芳　刘翠莲　吴双磊　戴　赟　方　圆

钱　钧　沈红心　朱婉灵　张　菁　袁　敏

朱永红　徐云玉　范忠凤

本项目受教育部“三全育人”综合改革试点工作专项经费和上海市高校思想政治工作队伍培训研修中心经费资助

序 一

主编姚玉红博士要我为本书写序，因正赶上了疫情发生，无暇细读，不可以随便写，就耽误了很久。现在终于可以挤出一点空来，好奇地朝“深夜树洞”里张望进来。当然，树洞不是用来“望见”什么的，而是用来“听心声”的。我确乎是从里面“听”到了丰富的声音，有喃喃自语，有求助的提问，有希望得到回应的试探，还有哀怨、忧虑、吐槽，等等，反映了当下大学校园里莘莘学子色彩斑斓的生活现实和内心的体验，让我这个平时对大学生们的日常生活了解不太多的“老教授”深受触动。这种触动涉及两个方面：

第一个方面是引起我对“树洞”有什么意义的初步思考。我没有考证过“树洞”这个概念的缘起，大概指的是在网络时代象征性地提供说悄悄话、不可直接告人的话、羞于启齿的话的一种设置。2019 年第一次知道它跟心理健康有关，是从一伙人搞的“树洞计划”那里了解到，他们用电脑软件、大数据技术在虚拟世界里发现自杀者的消极言论，然后在真实世界里救人。这个项目的负责人还邀请我为他们做过一次有关网络救人的伦理问题的培训课程。再后来，得知同济大学心理健康教育与咨询中心的心理咨询师们也开设这样的“树洞”，而且正在把一些内容整理出来编撰成书，也就是现在这本书。看了这本书，让我对树洞有了更多的理解，更想来一起推进此类有助于提供有效心理帮助的理念和做法。

心理上的困扰、苦恼，乃至疾病、障碍，是人类丰富的精神世界和社会生活的必然产物，其实也就是人类生活的组成部分。但为人所表达、为人所感知的负性心理体验，其实只是汪洋大海之一瓢。限于很多因素，很多人不愿说出，有些人想说而不会说、不敢说，有些人说了也白说，因为没有被倾听。于是，这些不可言说、无人问津的人类经验，很多被压抑、被淹没，估计只有很小的一部分被当事人升华为人文成就、艺术创造和科学发明；有些需要解决的困难、冲突、纠结，也许被当事人、其他人处理了，也许转化成了好一些的或更坏的情绪，有的也许变成了意志、见诸行动且产生社会性后果，也即由“心理现实”变成“关系现实”，最糟糕的是有人可能还没有得到帮助就结束了生命。

传统的心理健康服务一般是等人来到跟前坐下来谈话，或者至少是有勇气、有条件打个匿名电话进来寻求热线服务。而“树洞计划”“深夜树洞”这样的做法，积极拓展了服务的范围，对留有求助、呼救信息但走不进咨询室、打不了热线电话的人也提供了帮助，善莫大焉！

第二个方面，我对专业的心理健康服务工作者对着树洞里的声音回应什么开始感兴趣了。通常情况下，心理咨询多数是面对面进行的，或者是在热线电话上展开，是双向互动的沟通交流过程。对树洞吐心声的人却要面对一个没有确定性的后续发展——有没有人听见？听见了想不想回应？谁会回应？如何回应？回应什么？等等，都是未知数。在树洞里回应的心理咨询师也同样有高度的不确定性——对留言是否理解到位？对方的真实期待是什么？是否是对方想得到的答案或建议？等等，也是未知数。

我在这本书里看到的就是这样的“隔空对话”。虽然这里的对答只是一问一答，却让我想起京剧里著名的武功剧目《三岔口》，阅读体验就有点像观看几个人在伸手不见五指、夜黑风高的树洞里一招一式来回过招，因为留言的人写得都比较简短，有的直来直去，意思一目了然，也有的写得隐晦、拐弯抹角费思量。树洞主人却都是绞尽脑汁，在寥寥数语里去挖掘可能隐含的真意，然后做比较详尽的讲解，生怕说漏、说少、说不全面。还不知他们回应得好不好呢？

看心理咨询老师努力认真回答问题的样子，我又想到另一个场景——平时上课学生提问考老师，老师也要学生回答问题，这里却变成全是学生考老师了！不过我很高兴地看到，这些老师考得不错！他们的回答很专业，看得出来平时积累了大量理论知识和临床心理服务的经验，而且对大学生的学习和生活非常熟悉，所以很切合实际，使用的语言也非常时尚、亲切，比我这样主要在医院里等人上门来诊疗的医生看病要“接地气”得多！

当然，我的点评只是一己之见。树洞主人回答得好不好，我说了还不算数，得看留言提出问题的同学满不满意，还要看本书的读者们满不满意。愿大家能够从这本书里有所收获！

赵旭东

同济大学医学院、人文学院教授

中国心理卫生协会副理事长

2020 年 4 月

序 二

站起来、走出去！

——为《深夜树洞》写序

看到这本书的文稿，脑海里立刻浮现出一句话和一幅图。

第一个浮现的一句话便是，2017 年爆红网络的、一位老师高考前夕送给她的学生们的临别赠言：“你的一生，我只送一程。”

当今，大学生们可能带着中学时代的种种遗憾与失落步入大学，成长的路上需要面临很多的迷茫和挑战，复杂的社会环境、多元的文化与价值观、多样性的个人成长诉求，等等。我在担任同济大学大学生心理健康教育与咨询中心临床总督导的 15 年间，亲眼见证了中心的几位专职心理咨询师带领几十位兼职心理咨询师们踏踏实实、默默无闻的工作历程，亲身经历了他们是如何陪伴着大学生们从新生入校到完成学业走出校门，如何帮助大学生们从环境适应到人际交往、从情感困惑到恋爱冲突、从学业压力到职业生涯规划、从精神疾患到危机干预；是他们——“树洞的主人”，用他们的专业知识、用他们的实战经验、用他们的智慧，倾其所能，全身心的陪伴大学生们顺利走过大学时代、走过人生的重要阶段，成为一个真正独立的个体。

第二个浮现的画面是，我在海德堡大学访问时，在心身医学研究所里拍下的一张“蜗牛”照片。

那年，与同济大学医学院的赵旭东教授一起访问德国，在海德堡大学的心身医学研究所的楼道里，看到放有一个很大的人造“蜗牛”，我十分好奇地问他们究竟，心身门诊的主任对我说：“这是我们大家都很喜欢的一件饰物。人的一生当中总会有脆弱的时候，这时，人们需要一个空间，如同有一个厚厚的壳，供他躲进去，将他保护起来。所以，在心身门诊楼的许多角落，我们都会专门摆放这样的装饰物。”曾经看到过一份“大学生心理健康状况抽样调查”的研究报告，报告显示：总体上，大学生心理求助意识比较低。而学习求助、学会利用身边的资源，是大学生需要掌握的重要本领。因此，从这个意义上讲，蜗牛与树洞的作用和效果是一样的！

大学生心理健康是其生命状态的重要标度，包括健全的人格、积极的生活态度、自尊与自信、幸福感体验，等等。20 世纪最伟大的哲学家之一阿尔弗雷德·诺斯·怀特海（Alfred North Whitehead）曾经说过：“中学阶段，学生伏案学习；在大学里，他应该站起来，四处瞭望。”我的理解，大学生的心理健康便是怀特海所说的“站起来”的重要根基和组成部分；而树洞主人们的工作，便是帮助学生们完成自主和自我认同、建立和恢复自信、适应大学生活、学会与人交往、不断完善人格的重要载体和媒介。

艰辛与疲惫、痛苦与挣扎，坚持与努力、付出与回报，日复一日、年复一年，他们的工作神圣而有意义！

孟　馥

中国心理学会注册督导师

同济大学心理健康教育与咨询中心临床督导

2020 年 1 月

自序

大学生活这个人生阶段(18—25岁)具有一些特殊的规律,一方面已经达到法定的成人年龄,外形也完全是个"大人",社会对"大学生"的普遍期待都是高素质的成熟社会人;另一方面,18岁的生日、大学生活的开始并不真的能让人一夜之间变得成熟和独立。美国心理学家在20世纪90年代末称18—25岁这个人生阶段为"成人初显期(emerging adulthood)",是个体在练习成人、培育完整个性的重要阶段。大学的重要意义更多是给学生一个缓冲期,在成为社会有用之才之前学习应对生活中的各种两难、困惑、焦躁、痛苦,等等。告别中学时的学习"主世界",真实而完整的"全世界"开始徐徐展露在每个大学生面前,伴随着或早或晚、或大或小的不如意、挫折甚至受伤:生活自理能力跟不上怎么办?学习没了中学老师和家长的督促和监管,只想"放飞自我"怎么办?觉得自己和同学相比自卑无比怎么办?宿舍同学关系处理不好怎么办?遭遇失恋郁闷痛苦怎么办?情绪持续异常又怎么办?

每一代年轻人都有颇具时代特色的烦恼和处理方式,当代年轻人更关注内心的心理感受,更希望将自我的潜能充分发挥,但又必须在高度关注自我的同时学习体谅他人、融入集体、兼爱世界,这是个可以派生出无数困惑的平衡难题。

"深夜树洞"是同济大学心理健康教育与咨询中心(后文简称"咨询中心")微信公众号上的一个栏目,从2017年10月开始回答同学们的网络提问。设立的初心是试着给在校生搭建一个线上"解忧杂货铺",当时还有点担心会没有人来提问,结果截至2019年1月,我们共计收到了200多个匿名提问,涵盖了生活烦恼、学习压力、室友关系、恋爱困惑、情绪困扰、人际冲突、自我成长多个领域。我们感到既惊喜意外又责任重大,学生们如此关注心理健康,如此开放地寻求专业帮助,应该是当前中国大学生的普遍需求。我们如何才能把这件事情做得更有专业和实效性,并惠及更多的学生呢?我们还想到可能很多想帮助大学生的家长和老师也会对这些问题有兴趣,毕竟这些具体的提问全部来自同学们的内心。我们咨询中心的心理咨询师珍视同学们提出的每一个问题，轮流作为“树洞主人”给大家回信，认真地写下自己专业而用心的回答，尽量做到既有专业知识的“镶嵌式”讲解，满足大学生们认知能力强的需求，又有切实可行的操作建议，为同学们的成长改变支支招。

我们想到如果分享大学生成长过程中的纠结困惑以及心理咨询师的真实解答，可能会带给年龄相仿的青年人及他们的家长、老师以共鸣和启发，于是我们精心挑选出67个具有代表性的问答，分成7个模块：生活烦恼、学习压力、寝室风波、恋爱烦恼、情绪困扰、人际与孤独、自我超越，并编辑成自助书籍出版。

“树洞”有保护隐私的含义，本书中的每一个问题都是大学生们的内心自白，有些话题常常被老师、家长忽视或者回避，甚至连同龄人也不太能够理解。提问者既想找人探讨和思考，让人理解和认同，同时又不想完全暴露自己的内心，这可能也是我们的“深夜树洞”能够得到同学们喜欢的重要原因之一吧。我想这些树洞提问的本身也是本书的一个重要看点。细细品味这些真实而鲜活的提问，让我们仿佛真的看见这些可爱的树洞访客，看到了我们昔日成长中的年轻模样。

人本主义心理学家罗杰斯做过一个比喻，孤独的绝望感宛如常年被囚禁在地牢里的人，坚持敲打地牢墙壁送出微弱信息，希望听到一丝回应，始终以失望告终，不料某一天敲完墙壁之后居然听到几声回敲！声音虽然不大，但确实是对自己的回应，那就是生活的希望，就是心理咨询师的工作职责。本书中的咨询师们的回答虽然尽心尽力，但必然也有很多不足之处。单单能将这些话题展示出来并产生一些回响便已经很好了，若还能激发起更多的思考与讨论，那便使我们更加欢喜。如果亲爱的读者您有回应、指教和帮助，请随时与我们的微信公众号后台联系。

出书前我们在微信平台上公开征询了同学们的意见，是否可以把提问公开出版，有异议者可以单独和我们后台联系，但令人感动的是没有一个同学拒绝。我们由衷感谢同学们的慷慨分享，也希望这次分享会让更多成长中的大学生们发现原来自己并不孤单，希望让家长和老师们对大学生们减少误解、增多理解，也希望能为大学生的心理健康教育贡献一份绵薄之力。

姚玉红

同济大学心理健康教育与咨询中心副教授

同济大学人文学院硕士生导师

2020年1月

目 录

3. 寝室风波

4. 恋爱烦恼

5. 情绪困扰

6. 人际与孤独

7. 自我超越

1.

生活烦恼

1.1 新生碎碎念

树洞来信

作为一个新生，我现在其实已经有了些归属感，但是我总觉得自己越活越幼稚了，非常恋家……

然后感觉学校里也缺少很熟很熟的小伙伴，所以也就会缺一些很安心很自在的感觉。同时平时自己说的话也变少了，一个人太安静就会有点情绪低落（无声使人抓狂）……但是毕竟交友要很长时间。

还有就是我觉得自己其实不太自信。

恋家的小绵羊

树洞回信

恋家的小绵羊，你好！

你的文字里描述了你的状态、你的情绪，还有你和家庭、同学、朋友的关系。一方面，树洞君看到了你已经拥有的一些资源，比如你有着留恋不舍的家庭，你已经在学校有了些归属感，你在学校里有了小伙伴，等等。另一方面，树洞君看到了你对自己的一些不满意，比如其实不太自信，缺少很熟很熟的小伙伴，情绪会低落。在你的不太自信背后，树洞君想：你的期待以及你对自己的评价在起着很大的作用。树洞君试想作为新生的你也许刚刚经历离家，与很熟很熟的好友分离，因此现在的生活状态与之前相比有很大的不一样,你对这样的生活状态有一些不满意,不过这并不是你的能力不足。**事实上,大多数人经历内外环境的变化时都需要相当长的一段时间来找到自己新生活的节奏。这个过程叫作适应。**大多数刚进入大学的新生都会经历这一过程。

与中学老师口中描述的大学生活很不一样的是,大学生活并不是全无烦恼,可以任性玩乐的时间。相反,从高中到大学,大多数新生都会经历痛苦的适应过程。这些适应包括:

生活的适应:部分新生进入大学是人生中第一次体验住校生活,如何在宿舍里与室友和谐相处,共同承担清洁责任,安排好作息,吃饭、洗澡、洗衣等具体生活事宜中都有很多需要磨合和学习的经验。

学习的适应:大学前,老师和家长大多会在学生身边,督促学习中课程和作业的进度。而进入大学,就像突然进入了无人监督的自由状态,上课、出勤、作业都没有了硬性的催促。大学新生如何建立起自我管理和自觉学习的习惯,对于完成学业至关重要。

人际关系的适应:高中时班级共同上课,共同活动,我们不用刻意去发展关系,就可以认识班级内、座位旁的很多小伙伴。然而到了大学,班级建制变得相对松散,上课也不会有固定的座位,大多数大学生需要积极参加社团和各种活动才能结识更多的小伙伴。

经济的适应:进入大学后,大多数学生会有更多可以自己支配的生活费,所以大学生也要学习在合理的范围内既安排好自己的生活,又实现自己的兴趣爱好,不过度消费导致超支。

除此之外,刚刚经历高考,大多数大学新生还会经历一段时间的迷茫。高中时,学习生活的目标简单而清晰,一切为了高考更好的发挥而拼搏。进入大学后,新的人生目标还需要一段时间慢慢地寻找建立,这一过程中新生常常会体验到空虚、疲惫、焦虑、失落等复杂感觉。目标丢失带来的无所适从感需要新生多与人接触,找到自己可以参考的榜样,可以借鉴的经历,再在尝试中一点点修正,才能逐步建立起自己的目标。

别太着急要求自己一下子就做得很好。一方面,你仍然可以保持与家庭的良好沟通，保持与以前的同学朋友间的联系，和他们吐槽你在大学新生活中遇见的新奇事情。因为以往的关系同样很重要，你越是能够保持联系，越是能拥有更多的好关系。另一方面，你可以尝试着开始你大学生活里的冒险了。你可以试着与宿舍里的室友，班级里的同学主动说说话，了解彼此，也许慢慢地你身边的朋友中也会出现与你更加熟悉的好友。你也可以尝试去按照自己的兴趣找寻学校里你感兴趣的活动和社团，在学习之余，找到自己的圈子，会让你在学校的生活更加充实。

陌生的环境会让人不安，但是只要你鼓起勇气了解陌生、融入环境，你会发现很多让你可以安心、自在的所在。

树洞主人：戴赟

1.2 初来的烦恼：想家

树洞来信

刚刚来大学，之前有妈妈陪着都还好，妈妈一走，就哭了，哭得很厉害，然后遇到了一些不愉快的事就经常突然想哭。现在在我打这一段字的时候，我眼睛也红了，特别想家。之前的一些兴趣，比如追番、追剧、看小说，现在也都不再感兴趣了。

之前英语免修考试没过，身边的大多数人都过了。感觉自己特别差，以后想要保研所以从大一就要开始努力，但一直觉得自己太差了，还没开始上课就很焦虑。

小哭包

树洞回信

小哭包，你好！

看到你的描述，这么生动细致，透过这些句子能感受到你的细腻、丰富情感、柔软温和、无精打采、自我怀疑、压力紧张……树洞君脑海里立马浮现出一个画面：第一天上幼儿园的小朋友在妈妈离开后，哭得不行……

每年9月，大学新生们整装待发，怀着美好的憧憬，意气风发地跨入大学的校门。进入大学，是人生的另一个大转折点。面临从中学到大学的转变，面临全新的生活，在兴奋、憧憬、期待之余，焦虑、迷茫、无措等情绪也会出现，许多大学新生都曾经历过不适应。你的这些表现就是比较典型的新生入学适应阶段的反应，是一个人离开原来熟悉的环境，进入到一个陌生环境后自发产生的。心理学上的适应是一种动态的、交互的、有弹性的历程，是一个人通过不断调整自身，使其个人需要能够在环境中得到满足的过程。

新生适应阶段面临的变化和困难主要来自以下几个方面：

1. 生活环境的变化

从你的叙述里可以看到你应该是来到了一座陌生的城市，而且肯定是住在学校的。那么对你来说，生活环境肯定发生了很大的变化：从中学时由爸爸妈妈在身边照顾到大学被迫独立自理，从独居到群居。你的生活状态即将发生非常大的变化，但是“妈妈一走，就哭了”，似乎当时还没有发生什么事情，你的情绪就已经有点崩溃，貌似你对分离（妈妈的离开）的反应是很大的，你是不是第一次离开妈妈独立生活呢？之前的你也是这样的吗？是否之前所有为进入大学所做的心理建设都没有起到什么作用呢？

在树洞君的工作中，树洞君慢慢发现有时候我们会忽略这方面对有些新生的影响，特别是没有很多独立生活经验的新生。如果一个新生在安排自己的日常生活上有点混乱、吃力，那可以想象他还没有完全做好独立生活的准备，进入大学必然会面临较大的挑战。

2. 学习环境的变化

首先，竞争对手不一样了。从纵向看，能进入我们同济大学校园的，都是非常优秀的学生，甚至在原来的学校都是风云人物。所有这些优秀的学生进入了同一所大学、同一个院系、同一个班级，站在同一个起跑线上，那么又会出现新的第一名和最后一名。如果一个人从第一名变成了最后一名，这样大的压力确实会引发很大的焦虑。

你提到说“之前英语免修考试没过，身边的大多数人都过了。感觉自己特别差……一直觉得自己太差了，还没开始上课就很焦虑”，在短短几句话里面，你提了两次觉得自己特别差、太差，可见开学不长时间里，学习就成为了你一个重要的压力源。而且你提到“以后想要保研”，在大学之初就树立了非常明确的奋斗目标，一方面这是一件好事情，这个目标会指引你前进的方向，给予你学习的动力；**但现在这个目标似乎成为了一把双刃剑，似乎你目前的学习表现有可能实现不了这个目标，由此引发了焦虑和担忧，还有你对自己的不满、怀疑和贬低。**

在这种情况下，树洞君想你一定是忘记了你其实是一个很优秀的人，只是你身处在一群非常优秀的人中间。你只看到别人优于自己的地方，觉得自己差于他们，其实你肯定也有很多超越他人的长处。你要学会更客观地看待自己！

3. 人际环境的变化

进入大学，新生的交友范围变广了，各种社团，各种人际关系都需要处理，对人际交往能力有了更高的要求，特别是群居的室友关系和恋爱关系。“相爱容易相处难”，更不用说几个陌生人被“扔”到了一个房间生活。大学之前的关系有时候不需要努力，就可以有稳定的同班同学和同桌。但是在大学，却需要变得更加主动，才能结交更多的朋友。

你提到了“之后遇到了一些不愉快的事，然后就经常突然想哭”，虽然你没有明确地说什么样的不愉快的事，但树洞君猜测是人际关系方面的事情吧。在中学阶段，学生的精力都放在学习上，人际关系比较简单，人际关系的能力没有得到充分的关注和锻炼，进入大学后，大学生进入了渴望亲密关系的阶段，同时却又缺乏相应的人际交往能力，由此肯定会产生较大的冲突。

很多数据表明，每年大概会有10%～15%的新生存在一定程度的心理适应困难。一般而言，适应阶段的很多反应具有暂时性的特点。也就是说，过一段时间，随着对新环境的人、事、物的熟悉，学生自然而然就会有一些变化，这些消极的情绪和行为会得到缓解。不过如果到学期快结束时，这些状况还是持续存在的话，树洞君建议可以考虑寻求心理咨询专业的帮助。

树洞君还有一些帮助新生适应的建议，比如在适应的交界处，一方面不要断了和之前的联系，想家的时候多给家人打打电话。同时也要鼓励自己进入陌生的环境，去扩展圈子，很多人可能都会有同样的感受，互相交流、分享、支持也是新的体验和开始。

树洞主人：殷芳

1.3 容易上当受骗

树洞来信

我下午去五角场逛街，被推销坑了三千块，现在很难受，怎么办？每次都听得出对方有明显的漏洞，却总还是会上当。

一个小小小笨蛋

树洞回信

一个小小小笨蛋，你好！

树洞君首先想抱抱你。三千块呢，太肉痛了。不过还是很欣赏你没有一味地哀怨后悔、难受悲伤，而是找树洞来聊聊，树洞君喜欢你这种敢于面对自己的弱点的勇气，即使很难过还愿意直接面对，甚至反复的思考，都让树洞君看到你要全面成长的趋势。有这个勇气并不容易。遇到相同的事，有人会选择骂个街、买个醉什么的，很快转移注意力，让自己迅速逃离难受，不再深入思考了。毕竟在没想通之前，想一次就会难过一次，自己怎么就那么傻啊？每次都这样头脑一热，跳进陷阱。

让树洞君陪你走一程，看看这种无法 say no 的困境怎么破。**首先，允许自己难过。**这种难过不仅是人之常情，谁都不希望自己是神或兽吧，正常人被骗了还不难受，那心得多大呀！而且这种难过是一个好的提醒，你在做你不想做的事情，你做了让你自己后悔、羞愧或受伤的事情，你需要停下来做面小旗子插在这里，旗子上面写着一行醒目的字：我的盲区！盲区就类似需要开荒建设的神秘区域，必须加大聚焦力度，很可能是绕不开的性格弱点或特点。

当然，情绪如果太难受了，连续两周都无法调节，比如焦躁、低落、失眠、食欲不振等等(树洞君估计你"总上当"的话，情绪应该不至于难受那么久、那么强，但以防万一，还是要提醒下你)，别忽视自己的情绪健康，难受的情绪如果两周以上没有得到缓解，建议去找专业人士求助，包括心理咨询师、精神科医生等，这之前可以试试和朋友、家人聊聊，寻求安慰理解和支持，拼命逞强就只能一个人扛，适当示弱才能得到人际支持。

然后，情绪平复之后，看看有什么共性。我们可以找人聊，也可以自己想，过往类似的事情串联在一起看的话，能看出哪些端倪？批评或者嫌弃自己是无益于解决问题的，谁都有软肋，阿喀琉斯还有个致命的脚后跟呢。树洞君猜你日常对别人都挺和眉善目的吧？**其实，人首先要温柔以待的对象应该是犯错时候的自己。**对自己耐心又宽容，愿意安慰、理解和体贴自己。带着不着急、不批评的态度，把过往"受骗"的类似事件串联起来对比，有何异同？

如果是因为不会应对人际尴尬，不会回绝热情"好意"，那就平时多练习，记得坚定自己的立场，比如高于1000元的消费一定要告诉自己"今天先不定，至少要思考一个晚上"，比如给自己设立一个口头禅"我要考虑下再答复你"，不是完全的回绝，但一定给自己留个后悔的空间。**对于不擅长拒绝的人，"拖延回应"是个非常好的办法。**尴尬的情绪过去，理性就可以重新夺回上风。

如果是因为自尊心强好面子，不由自主地要表现出"视金钱如粪土"的英雄气概，那就勇敢地看看自己是不是有个矛盾的心理：一方面要表现出不在乎金钱，但另一方面却要通过"不在乎金钱"的表现来表达自我价值。金钱到底意味着什么？人的价值除了不在乎金钱之外，还能靠什么来体现？具体到你的身上，你除了可以不在乎金钱以外，还能有什么过人之处？反之，即使我们在乎金钱，但我们还有更重要的品质和特点。

如果是因为对某一种人怀有特殊的情感，比如看到个子矮的女生就怜香惜玉，看到高颜值的男性就理智全失，看到年纪大的人就言听计从等，这些有特别指定对象的同情或体贴，有可能是因为想起自己过往生命中某个(些)重要的人，无意当中将眼前的这个人和过往生命中的重要他人对等起来，把过去的情感无条件地转移到当前这个有些相似的人身上，实际上是过去的感情延续，但也有过度的嫌疑，这种情况类似于心理学上的“移情”(transference)。

可能还有其他的原因，但树洞君真正想说的是，**评判行为的好坏笨傻并不难，难的是清晰地意识到自己在做什么，把糊里糊涂、不由自主的行为换成有意识的行为选择，这样即使被骗也知道自己为什么被骗，掌控权仍然在我们手里。**

树洞主人：姚玉红

1.4 每天日程太满，好忙啊！

树洞来信

最近真的好多好多好多好多事情要处理，每天都超级忙，走路都得带跑，很想把每件我要做的事做好，不想敷衍。但是事情太多，又处理不过来，每天都身心疲惫。转念一想，大家都会面临相似的情景，但为什么就我这么累……

档期超满的小陀螺

树洞回信

档期超满的小陀螺，你好！

话语中能听出你的疲惫和无奈。你说要面对"好多好多好多好多"要处理的事情，这里你用了那么多的"好多"，好像真是已经多到应接不暇了。听到你说自己忙到"走路都得带跑"，"每天都身心疲惫"，树洞君一方面会心疼你这么辛苦，也尝试去体会你忙到身心疲惫，急匆匆地去做事情的状态；另一方面，又不忍心看到你想把每件你要做的事情做好。或许在你看来，这并不矛盾，**但忙到走路跑起来，身心疲惫或许能从某种角度上说明你的工作已经超负荷了，你的身体和心理感受在提醒你——该调整了。**

事情太多是一方面的原因，不想敷衍则是另一个方面。**认真是一种工作态度。**很多时候，这种工作态度能让人把事情做好，甚至做到极致完美状态，但如果没有取舍，没有权衡，没有优先次序轻重缓急，或许每个人都会忙到飞起来。**在管理心理学里有个“帕累托原则”，它的核心意思是：生活中80%的结果只源于20%的活动，所以要把注意力放在这20%的关键事情上。**根据这一原则，我们应对要做的事情根据轻重缓急进行一下排序。排在第一位的是重要且紧急的事情，比如明天的课堂展示、考试等，这些事情应该立刻去做。第二位的是重要但不紧急的事情，比如学习、做计划等，如果没有前一类事情的压力，应该把它当成紧急的事去做，而不是拖延。第三位的是紧急但不重要的事情，比如有人突然约你打球，约你吃饭等，这类事情需要在优先考虑了重要的事情后再来考虑，人们常犯的毛病是把“紧急”当成优先原则。其实，许多看似很紧急的事，拖一拖，甚至不办，也无关大局。第二位和第三位也需要根据具体情况来适当安排先后。第四位的是既不紧急也不重要的事情，比如娱乐、消遣等，这类事情完全可以等到有闲工夫再说。树洞君不知道这个方法对你是否有所启发，或许你可以尝试将自己面对的事情认真仔细考虑一下，分个轻重缓急，而不至于让自己陷入一团乱麻之中。

问题的最后，你提到“大家都一样会面临相似的情景，但为什么就我这么累”。树洞君不知道你的假设是什么？如果你觉得别人是有能力的，是比你强的，这是能力问题，而能力是稳定的、不可控的，可能你就会沮丧、自卑；如果你觉得是时间管理或者对待事情的态度问题，这虽然也是稳定的，却是可控的，或许你就会去积极地寻找资源，积极地进行自我调适。这就是不同归因带给我们的影响，当然还有很多其他的归因，树洞君就不在这里赘述了。至于别人面临相似的情景，他们是如何处理的，他们有何经验，也许你可以跟他们交流一下，或许他们也有跟你一样的压力，或许他们有一些妙招可以传授于你。树洞君记得曾咨询过的一个学生，他也会把自己逼到很忙，在他的观念中，不允许自己有懈怠，但看到其他同学打游戏，他也会跟着去打。为了缓和自己的焦虑和自责，他就一边打游戏一边背单词，结果就是玩没玩好，学没学好。前面树洞君讲了一些时间管理的方法和归因的概念，那是比较笼统的知识，对你来讲，或许你可以认真想想自己究竟是何原因。如果你想做更加深入的探讨，不妨到心理咨询中心预约，跟咨询师好好谈谈这个问题。祝愿你能早日走出这段困难的状态。

树洞主人：吴双磊

1.5 迫不得已的休学让我快抑郁了

树洞来信

因为别人的一些失误，我的身体受伤了，可能需要休学。我本身就是一个极其敏感的人，不愿意去过多地责怪别人，但在我的生活刚有起色的时候发生这样的事，即便告诉自己“你可以度过，你可以做得更好”，仍然是夜里长哭。黑眼圈一天天加重，这是个恶性循环，一个人在家不能动，情绪起伏好大。我好累，头好痛，我想变得更好，我知道我可以，但好像总是差点什么，就这样失去了一年的宝贵时间，不知道将来和同学之间还能不能像过去那样。

不安的刺猬

树洞回信

不安的刺猬，你好！

看到你的留言，挺为你难过的，在受伤养伤的这段时间，好像是挺煎熬的。你说自己本身就是一个极其敏感的人，这是一个很重要的觉察，说明你对自己了解得比较清晰。但“敏感”这个词，树洞君不知道你会怎样去解读它，有时候，**敏感会让你想很多，担心很多；有时候敏感又让你对自己有更多的了解，可以更敏锐地去捕捉到自己的需求，知道自己在意什么，往往就更能够调用自己的资源去疗愈自己。**

你说“即便告诉自己可以度过，可以做得更好，但仍然是夜里长哭”，在这句话里，基调是悲伤的，但在悲伤的背后树洞君又听到了你对受伤的积极态度，你告诉自己可以过去，可以更好。但想到一个人在家动不得，想到可能失去一年的宝贵时间，还是会有很多的遗憾、失落和担心。或许你需要的是一个“哀悼”的过程去面对这些情绪和失去的时光吧。

跟你分享一点树洞君儿子的经历吧。他今年六岁，右手臂因尺桡骨骨折进行了手术，小小年纪，里面打进去钢钉和钢板。作为家长，事情刚发生的时候，我们有太多的悲痛、担心和恐惧，但当这些情绪慢慢消化掉，我们发现了儿子身上勇敢坚韧的一面。他从摔伤到进入手术室到出院康复期，几乎没有哭闹，勇敢地去面对这一切。那一刻，树洞君看到了一个小小生命的韧力，看到了人在困难和挫折面前呈现出来的巨大能量。说实话，树洞君被他感动到了，后来，就慢慢释怀了。到了快康复拆除钢钉钢板的前半个月，他又摔断了同一只胳膊，不得不进行第二次同样的手术，这次我们就可以更坦然一些去面对，也让我们知道他需要更多的保护，知道以后如何规避一些风险。**这就是挫折带给我们的“礼物”。**虽然这个礼物可能没有人想要，但当它来了，我们不得不去面对的时候，就做好“哀悼”，安抚好自己，勇敢地去跟它做朋友吧。希望你能调整好自己，当你回来的时候，你的独特生命历程会像凤凰涅槃、浴火重生一样更有魅力，你与同学的关系也能像“过去那样”继续下去或者发展出更独特的同学关系。因为过去的你被大家所接受所喜欢，这是你的质量，而归来后的你，会让这些质量更加的丰厚吧。

树洞君最真诚地祝愿你早日康复，调整好自己，早日回来。

树洞主人：吴双磊

1.6 感觉被关注时会莫名紧张，怎么办？

树洞来信

当觉得自己被很多目光关注的时候，就会莫名紧张，身体变得不灵活，这应该怎么办？

Buffer

树洞回信

Buffer，你好！

在很多目光的关注下，包括树洞君在内的很多人都会感到紧张，只是程度有差别而已。我们感到紧张的时候，在神经系统的调节下，我们的心跳、呼吸、血压、皮肤温度以及肌肉松紧程度等生理机能都会发生变化，进而我们会感到身体不像平常那么自如了。树洞君清晰地记得自己早年在一次求职面试中曾经双手明显发抖，以至于把水杯中的水都洒出来了。

对于这类紧张，**"预演"可以起到一定的减缓作用。**"预演"可以是在实地现场进行，比如将要进行报告、比赛的地方，也可以是在自己的脑海中通过想象进行。如果是在现场，可以先熟悉整个场地，然后站到自己之后将要接受很多目光的地方，闭上眼睛去想象之后"万众瞩目"的场景，也许此时心里就会不由自主地产生紧张感，但你可以什么都不做，就是静静地感受这份紧张，直至它渐渐地减弱甚至消散，然后睁开眼看看实地的场景。这样的过程可以反复进行数次，然后你也可以在那个位置上实际地或者想象地将自己将要做的报告、比赛的过程完整地预演一遍。如果无法去现场，通过想象也是可以的，而且效果也不见得会差。只是将上述的过程在脑海中完成，包括熟悉整体场地，体验紧张并感受其慢慢褪去。

临场时如果紧张还比较明显的话，腹式深呼吸的方式还是会有帮助的，具体的方法是：深深地用鼻子吸气，至腹部隆起不能再吸为止，然后屏住气 3～4 秒钟，接着用嘴将气吐出，吐至腹部凹陷不能再吐为止。这样的过程反复进行 3～4 次，通常可以起到作用。除此之外，也可以给自己一些好玩的暗示，比如想象人们都是坐在抽水马桶上看着你。

如果这类的紧张经常发生，我们也可以找时间好好给自己做个反思。也许我们可以探究一下在我们的紧张背后会有着什么情绪。**大部分情况下，隐藏在紧张情绪背后的会是担心害怕，甚至恐惧。**如果是这样，我们可以诚实地反观自己并问问自己：我担心害怕的会是什么呢？这个担心害怕又从何而来呢？如果由某些经历、言语以及人物引发了这种担心害怕，它们是否依旧可以像以往那么大地影响到你呢？当时它们影响你的条件和环境如今是否发生了变化呢？如今的你又有了哪些变化呢？如今的你再去仔细回看那些担心害怕，有没有发现一些非理性的地方或者不合理的信念呢？（比如把偶发的情况当作必然的情况，把个别人的反应当作了普遍的反应，把影响想象得过于灾难化，类似于“只有所有人说我好我才是好的”这类信念想法，等等）如今就算这些担心害怕真的发生了，又会如何呢？你有哪些能力、方法和资源可以去应对，抑或其实完全不用担心？如果你愿意的话，你还可以闭上眼睛，在脑海中想象着去直面那些担心害怕，也许一开始你会有些紧张，但只要你继续沉浸其中，继续体验，通常紧张或害怕的感觉都会渐渐淡去；如果你心里想到有话要对这些“担心害怕”说，你也可以说出来告诉它们。

说了一通，希望对你有所帮助。你的问题一开始是：“当觉得自己被很多目光关注的时候”，所以树洞君并不确定，这是真有很多人在注意着你，还是说仅仅是你自己觉得而已。如果你自己也不太肯定，要做个确定也不是很难，平常不经意时问问几个你认为当时在注意你的人，在你认为他们在注意你时他们实际在干什么。如果他们确实在看你，那以后就按照上面所述的方法尝试调整情绪；如果并没有，也许你也就释然了。但如果你还是很难释然，或者紧张感一直无法降下来，这可能代表你的某些重要心结一时还难以打开，也许你需要一些专业的支持和帮助，真诚地邀请你走进心理咨询室，与我们专业的咨询师聊一聊。

树洞主人：方圆

1.7 放屁让我神经很紧张

树洞来信

我是大一的学生，从高三以来，胃就不太好，医生说是肠道菌群失调，开了点活性菌这样调理肠胃的药，医生总说没问题，调整一下就好。但是我总会放屁，特别到上课时，周围都坐着陌生的同学，我会觉得屁股后面都热乎乎的。我总是觉得周围同学会因为我放屁而咳嗽，捂鼻子，所以我上课压力特别大。周末妈妈来看我，陪了我两天，妈妈说这两天没闻到我放屁的臭味，哥哥也说没闻到臭味，我觉得他们是在安慰我，因为我的确闻到臭味了。请问我这是不是心理问题呢？

被放屁困扰的我

树洞回信

被放屁困扰的同学，你好！

看得出你走过了一段很辛苦的历程。从高三到现在，不断问诊的过程以及因为放屁问题而感到的羞耻都很容易让人疲惫和焦虑。树洞君猜想你也一定不断向家人求证，诉说你的囧境。真的难为你了。希望树洞君今天的回答能对你有所帮助。

1. 放屁这回事

先让我们来说说放屁这件事。其实我们每个人的放屁量都比我们想象得要多。研究表明，普通人平均每天会排出500～1 500毫升的气体，放屁次数在10～20次。你瞧，当你在放屁时，说不定你邻座的同学也在悄悄排泄他们的气体。这也意味着名流政客们在演讲时可能也在偷偷地憋着屁或放着屁呢。想想是不是很有趣？

而在这些屁中，99%的组成气体都是无气味的。它可能只是普通的氢气、氮气、二氧化碳、甲烷和氧气的混合体。实际产生气味的成分（氨、硫化氢等）含量只有1%。即使像你说的，觉得屁股后面热热的，也不意味着这个屁是个很臭的屁。随着扩散，它的“杀伤力”也会减弱。你的妈妈和哥哥可能并不是在单纯地安慰你。他们也许真的没有闻到。当然啦，生物学不是树洞君的专长，若真的放心不下，你可以主动找一找相关的研究看看。有时候解决疑惑的最好方法就是去研究它。

2. 放屁与社交焦虑

树洞君也明白，即使从生物学的角度可以理性认识放屁这件事，但从情感上我们还是会经历一些羞耻、尴尬、焦虑的时刻。不过你知道吗，放屁也有可能是你情绪焦虑的一种生理反应。换言之，越是焦虑就越容易放屁。焦虑的躯体表征有很多，比如有些人会恶心、颤抖、心跳加速，也包括放屁，尤其是在你本身肠道菌群失调的情况下。原理包括焦虑影响了你呼吸时吞没空气的频率、血液中的含氧量和肠胃蠕动的速度等。这里有可能形成了一个循环，越是肚子不舒服，就越对可能在人群中出现尴尬感到焦虑，再因为这份焦虑而形成更多的屁。

树洞君看到，你已经很努力地尝试从生理上解决这个问题。看医生的过程不容易。那么除去生理方面，我们能做的就是缓解自己的焦虑了。除了上文提到的做一些科学研究来了解事实之外，找一位心理咨询师也是不错的选择，帮助你接受现在的自己，耐心对待缺点与尴尬。**有一句话说：“请原谅你的肠道细菌们，他们也在很努力地帮助你呢。”同样的，试着接纳这个正处于焦虑中的自己，爱你的人都知道你在努力。**

树洞主人：王乐实

参考文献：

Roland，J. Why Do We Fart：What Is a Fart and How Does It Happen? Healthline，2017. https：//www.healthline.com/health/why-do-we-fart.

2.

学业压力

2.1 科研上，越被催促越慌张

树洞来信

我最近真的好烦。我是研一的学生，导师常年不在身边，但是要在线给他汇报研究进展。我只有一个跨专业的师姐，她不能给我很多指导。这学期导师给了我一些数据之后就开始催我的工作进度了，但是我没接触过这些，不太会做。我上网搜了很多东西，看了很多论文，好不容易有了想法但是实现不了。我的进度很慢，感觉就没什么可以和他汇报的。现在我每天都觉得压力很大。我也想好好学习，也想快点有研究结果来写论文。但是还没等我掌握怎么去做科研就开始被催促，现在越想越烦，越催越慌。我开始怀疑自己的能力，看着身边的人，感觉他们进步都很快，似乎没有像我这样一直被催着，很羡慕他们。我也开始后悔，开始讨厌自己选了这个方向，想退学，想回家。

磕盐党

树洞回信

磕盐党，你好！

首先要感谢你提出了一个很有代表性的问题：读研的过程和自己的设想很不一样，导师的假设常常是学生能自学，很少能够真的手把手、句对句地悉心教授。

面对自己的“无知”，身上又背负着导师、家人、同组人的期待，不想显得比别人差，不想漏出“不够好”的样子，又确实没有科研进展，自己该怎么调试内心状态完成学业呢？这似乎是每一个经历了从本科向研究生转变的学生都面临的问题。树洞君觉得，你可以尝试接受情绪，调整学习节奏，以及真诚请教他人。

1. 接受情绪

首先试着弄明白你现在压力大、想逃避、想放弃的心情是来自哪里？树洞君觉得你很有上进心，想做导师的好学生，让导师对自己多一些信任和欣赏。这些都是很美好的心愿，很多时候我们是因为这份“要强”的心愿才达到了今天这个高度，才有了很多人生的高光时刻。只是如果这份想被人欣赏的愿望高出了你想要学习知识来充实自己的初心，那么它便会使你有很多负担和枷锁。在学习时，可能心中还有一些杂音，例如“别人会怎么看我”，“他们会不会不喜欢我”，等等。

即使有这些杂音也不要紧，人总是活在环境里，多少都会想要得到他人的认可。被人催促也确实很烦，你可以允许自己有各种所谓负面、消极、逃避类的想法和情绪，**慢慢接受它，再慢慢摆脱它。**

在现阶段，因为科研工作还要进行，老师的催促电话也还是要接，如果克制不住心中沮丧的声音，想要逃避甚至辍学，那么你可以问一问自己，自己最想要的是什么？现阶段的小目标是什么？若真的放弃学业，未来的自己会不会后悔遗憾？你可以在心中为每件事的重要性或意义排个序，再坚持一下。

2. 调整学习节奏

如果要坚持下去，树洞君愿意陪你找到一个更舒服的学习节奏。可以看出你已经做了很多努力，查文献一定花费了大量的精力。树洞君觉得你可以为学习时间设立边界并形成习惯，也就是俗话说的劳逸结合。

从高中到本科，再到研究生，学习节奏上有一个递进的变化，那就是你的学习时间越来越灵活：从固定时间上课和完成作业，到自己安排时间上课和完成作业，再到不上课了，自己安排科研时间。**这个变化的好处是，你越来越像个成年人，对生活有自主权。但这个变化的坏处是，你的学习工作日程可能会很混乱。**尤其是科研人员，不同于办公室的坐班制那样有明确的上下班时间，下了班就可以把工作抛诸脑后，科研人员的上班时间没那么有规律。你有可能周一周二是自由散漫的，但周末却在做实验；早上起床可能已经中午了，但半夜却在赶论文。这种颠倒的，生活科研杂糅在一起的学习节奏，使得人既不能稳定学习也不能安心休息。

还有一个坏处是，你不知道自己应该努力到什么程度。当导师的期待很高，科研进度的压力很大时，因为工作时间的灵活，你可能会迷茫“我是不是要把所有的时间都用来学习和工作?”。比如半夜了，是不是要再看一会儿书？这个项目已经很忙了，又来了个新项目，好像时间挤一挤还是有的，那要不要再接这个新项目？

树洞君觉得，**一个人一天中能够学习工作的时间有限，可能聚精会神工作就只有几个小时的限度。**这时间长短因人而异。学习工作多久是让你劳累的极限，你自己心里是清楚的。那么可以给你设立一个这样的时间段，在这个时间段内全情投入，努力学习和进步，不懒散也不拖延，然后在超出了这个时间后去休息和享受生活。这样有利于你恢复精神和心情，迎接更多的挑战。

当然，这个时间段的设立可以是弹性的和变通的。项目的旺季淡季、学业的高峰期平稳期都不同，需要自己调整把握。只是为你介绍这个理念，试着像上下班那样，将学习与生活平衡开，设立边界，明白自己的局限性，在可承受范围内尽量努力，也给自己充足的自我关爱时间，使自己有规律地螺旋式上升。

3. 真诚请教他人

最后，既然你觉得同组其他人的状态很好，那么不妨去问问他们应对科研压力的秘籍。这可能需要你先真诚地表达出自己的困惑迷茫，也许会损耗一些自尊心，但与解决问题的积极价值来看，这份损耗也是值得的。你可以问问他们一些具体的知识点，或者他们学习的方法和获取知识的途径。树洞君觉得，有时候科研上知识的切磋就像江湖中剑客的切磋一样，一个刚出道的小剑士，必然要通过剑术上的对打和训练才能成为高手。这个过程中肯定要被打趴下无数次，只要坚持忍耐，一定会有胜利之日。

当你要去寻求导师的理解和支持时，对你来说可能更难。愧疚之心、羞耻之心、自我怀疑之心都会出现，这也需要克服。事实上，导师们也是从学术小白的阶段走过来的，多少都能明白学生的局限性。在你去请教之前，先认真总结一下自己哪里不会，需要学哪些知识，让导师有一个明确的教导方向，这样避免他对你笼统地失望，也避免你对他笼统地畏惧。

当然也欢迎你来心理咨询中心，不能和亲朋好友说的烦恼，可以来和我们说。

树洞主人：姚玉红　王乐实

2.2 好讨厌设计课

树洞来信

我是建筑城规学院景观专业大四学生，正在准备跨专业考研。设计课占掉了我好多复习时间，我真的好讨厌它，专业课老师可能因为我要跨专业考研(大概觉得我不识好歹吧，居然从建院向外考?)，对我产生了偏见。设计这个东西，没有正确答案，她想怼你，怎样都能怼到你，同样的PPT内容，别的同学讲就没有问题，而我……唉，真的好想和景观专业，和这些老师说再见啊!

唉，我和老师尝试沟通无果，老师认为做设计就是我的天职，学科优越感好可怕。

挣扎的鸽子

树洞回信

挣扎的鸽子，你好!

听你的描述你已经大四了，并且做出了转专业的考研决定，那么建院再好，也不再是你想要的菜了。非心所属，时间有限，在别人眼中的“香饽饽”，就变成阻碍你实现个人目标的“跘脚石”。再加上老师还无法理解你的选择与烦恼，觉得你水往低处流，那就更郁闷了。

树洞君听过无数学生抱怨设计课难学，曾经校园里演过一幕心理剧，题目就叫《自挂东南枝一万年》，演得就是设计课上的事，摸不准老师的套路和评分标准，一遍遍被打回来重画重做，真是让人生无可恋啊。

因为太多学生向树洞君抱怨设计课难学，也推动树洞君在好久之前请教过你们的任课老师，为什么那么多学生说设计课难学？**不同的老师告诉树洞君，设计是一门应用学科，建院训练的是综合能力，要将想法变成实践，培养的是工匠，不是科学家，也不是艺术家。**只要能沉下心来按要求去学，两三年下来，就能找到感觉了。

生活充满了各种可能性。同济建院这个大舞台，确实为学生提供了许多一流的见识与练习机会。曾经一位高考分数能上北大清华的学生，来建院之后，各种不适应，决定去考别的专业的研究生，但因为各种内在困扰，后来毕业成了问题，学了七年，毕业设计都通过了，因学分未修满，没拿到毕业证。但他得到一位老师的认可与支持，后来在老师的工作室负责规划工作，十年里面作品无数，后来去了一个更大的平台，成了设计总监。放下抵制，一般的学生顺利毕业问题还是不大的。这样的故事，也让我发现设计难学有时是个伪命题。

但确实也有些学生，怎么学都找不到感觉。那就要趁早找到自己的优势所在，申请转方向。树洞君认识这样一位学生，在校时花了七年时间，学到吐血，学到信心尽失，才勉强拿到毕业证。工作两年之后，发现自己确实不适合设计专业，尽管工作好找，但他宁可去教奥数，也不想从事设计专业。后来树洞君帮他做了生涯评估，他确实对艺术美感兴趣缺失，而在逻辑推理及社会交往方面却很强。他后来决定去考心理学研究生了，或许世上因此少一位痛苦的建筑师，但却多了一位思路清晰的心理学家呢。

在人生发展上，为自己选择与个性、优势、兴趣、价值观更匹配的专业方向，有利于人尽其才，更好地激发生命热情投入学习工作。有些学生不舍得浪费高考分数，因为分数高才选择建院，来了又觉得看不上所有别的专业，觉得无方向可转，只能在痛苦中上不着天下不着地。与这样的学生比较，你已经更尊重自己内在的声音了。那就不管老师的学科优越感有多强，坚定地走自己的路吧。鞋合不合脚，只有自己知道。好在你已经准备跨专业考研，为自己做出一定的选择了。为了更精准地了解自己，以免自己再选错方向，可以去就业指导中心做一个生涯评估，这份评估包括了解你的职业兴趣、职业能力、职业价值观和个性特征等。你也可以带着这份评估来咨询中心找老师聊一聊。以便对报告作出更系统的解读。

著名华人本土心理学家杨国枢先生曾在其1998年于台湾大学的演讲中就“职业与志业”作出这样的表述:“一个以志业为主的人,根本不会想到就业的问题,他喜欢做这个工作或这件事情,根本不会去考虑工作的时间,有时间就做,而且是不计成本的,有时候不但不赚钱反而还要赔钱,他也甘之如饴。他完全没有时间观念,即使是晚上工作也不知道东方之既白,哪怕身体会搞坏他也照样做,他整个人的身心都投入到里面,因为他觉得自己做这份工作,可以让生命更有意义,生活更有价值,可以感觉到自己在这里面安身立命,这就是‘志业’。**最重要的是要找一个事情让自己能够真正投入,甚至在里面安身立命。**”希望你在新的选择中,不仅是为自己选择一份好的职业发展的专业方向,更能逐步为自己去选择一份未来愿意投入全部生命去精进的志业方向。

对自己的选择有底之后,接下来的任务就是,如何在考研与完成学业之间取得平衡,在建院的高强度学习要求下,这个平衡虽然不易,但也是为未来生活中常出现的多重任务模式作预演,相信你一定有这个能力完成这样的转换。

树洞主人:刘翠莲

2.3 当专业看起来没有前景时，如何保持学习热情？

树洞来信

我是一名大一学生，专业是土木工程。其实，高考前对土木一点了解也没有，报这个专业完全出于它是名牌大学的“王牌专业”。可是经过快三个月的学习，我对本专业还是没有任何实质性的了解。以前知道土木工程是在“走下坡路”的专业，可我以为名牌大学的土木专业一定不会是这样的。而现在我越来越迷茫，脑中更多浮现出的是网上对专业的诋毁和否定……现在，我有一点后悔当初轻率的决定，但也十分纠结到底该不该转专业，是不是要再学着试试看。其实内心深处，我一直把自己定位在科研方向，但现实是土木工程到底能不能给我带来科研的满足感？我怀疑，也无奈，心里空空的，不知道未来定位在哪里，也没有了学习的热情。

失去动力的混凝土块

树洞回信

失去动力的混凝土块，你好！

谢谢你的来信。字里行间，树洞君可以感受到作为一名大学新生，你在很认真地思考自己的专业和发展，很努力地想要为自己寻找更好的道路和方向，也真的很渴望能够安心把时间和精力投入到真正能带给你满足感的事情上。在大一的年纪，对于专业、未来有所迷茫，真的是非常常见的情况。**人生是一个旅程，有人终其一生都在不断探索自己，寻找自己，还有人始终没有仔细想过关于自己要什么的问题。**所以树洞君特别欣赏你，能在大一的时候，就开始认真思考这些，不是随波逐流，得过且过，而是渴望找到一个属于自己的未来。

同时，树洞君也能感受到你的焦虑和困惑。在这里和你分享一些树洞君的想法，希望可以帮到你去厘清这个问题。

1. 给自己更多的允许和耐心

对于专业的认识，大部分人在报考志愿时并不完全清晰。此外，大一才过三个月，经过这么短时间初期的学习，确实很难对专业有实质性的了解。不瞒你说，树洞君在学习心理学专业之前，根本没有把它和做实验、脑电、大数据等联系起来，更不要说对这个专业有深入了解，树洞君到大三才对科研有了一点概念，到研究生才对临床咨询有了切实的认识，期间也会对专业发展感到迷茫。

对专业的了解需要一个过程，不需要太过自责，可以给自己一点时间和耐心，允许自己会在某个时期有所迷茫，迷茫是探索的起点。

2. 客观辩证地去看待你的专业

关于专业，其实很多同学有类似的困惑，传统土木行业可能确实遇到一些发展瓶颈，从网上一些评价来看会感觉没有以前繁荣，但任何事情都有其两面性，危机中也往往蕴含着机会。在新工科条件下土木专业的发展也迎来了新时期，包括人工智能、大数据、云计算、智慧建造等学科交叉的新内容正融入土木工程的建设中，就行业前景来看目前也是一个发展转型的好时机。

再者，你所在的土木工程学院是国内同类专业中教学和研究实力最强的学院之一，如果这样的土木专业都难以发展，整个行业就要崩溃了。这个部分树洞君相信你也有所了解，只是好像你更容易把眼光投放到一些负面的信息上，被其困扰。不知道这是不是你看待事物惯有的方式？是不是更容易去看到那些不够好的部分，而容易忽略那些积极的面向？如果这样，我们看到的更多是世界中灰色的部分，而不是全部的、真实的世界，跳出来全面公正地去看待你的专业，看到人和事的两面性，相信你的生活会有更多的色彩。

3. 做好当下，切实深入地了解专业

提问中树洞君看到了你对过去的后悔，对未来的焦虑，网上对专业的诋毁和否定，这些东西纠缠着你，让你非常忙乱、心累，找不到重心。不妨把眼光收回到当下，回到现实，做好所有能做的事情。比如去亲身地体验，直接地沟通，对专业有更多“实质性的了解”。除了课堂学习以外，还能通过课外讲座、科研小组、专题讨论、社团组织、课程实习等活动去拓宽知识面，通过跟辅导员、专业老师或者你的学长学姐交流去了解这个专业的发展方向、就业去向，未来在科研方面的前景，了解最新的科研动向，当然也可以去了解其他感兴趣的专业。在你做好眼前事情的过程中，随着了解的深入，你可能会热爱你所做的事情，从中获得成就，同时也会收获更好的自己，进而有利于你找到真正想要的东西，成为你想成为的人。

在这里树洞君给你推荐一种正念疗法，你可以在老师的指导下尝试学习，通过正念呼吸、正念行走、身体扫描等简便易行的练习，慢慢学习活在当下，不再被头脑的思绪掌控。给自己一些时间和关爱，看看它是不是适合你。

4. 给自己合理的期待和空间

此外，抛开专业选择来看，我感受到似乎你特别想要尽快找到一个“确定的、正确的”答案。树洞君想，未来的结果对你来说一定有很重要的意义，不知道你对未来的自己有着怎样的期待，很多时候我们当下对自己的定位是和对未来的期待息息相关的。有时候我们会对特定的结果特别在意，过于担心，于是在做选择时会特别小心谨慎，害怕出错。这种过度的担心，特别的期待，会让我们放大一些事情和因素对自己的影响，外在的风吹草动都很容易扰动我们的内心，那些带给我们不好感觉的信息显得尤其刺目。

给自己合理的期待和发展的空间，人生的道路没有所谓的标准答案，也没有绝对的成功和失败，只有体验和成长，只有你是不是接纳和认可这样的你自己。

5. 欣赏和信任你自己

最后，担心的背后，就像前面提到的，是你如何看待你自己？更多看到的是优点还是不足？是不是对自己有足够的欣赏和信任，相信自己可以去迎接那些未知的挑战与可能？如果我们能够真正欣赏和信任自己，不管在什么样的土壤里，我们都能开出花来。所以给你一个小小的建议，尝试去回顾一下你对自己的欣赏，期待

你来心理中心和我们分享。

作为一名大学生，对自己和世界的了解都需要一个过程，人生的奇妙之一就是充满着“确定中的不确定”，有各种各样的未知。带着积极的眼光去了解和探索，勇敢地去尝试和体验，不断拓展自己的视野和格局，思考自己想要成为一个什么样的人。不仅是要对专业有信心，更重要的是要对自己有信心。相信你可以成为一个特别棒的同济人。

树洞主人：朱婉灵

2.4 事情太多想逃避，大学生活慢慢失控

树洞来信

我感觉自己的大学生活正在慢慢失控……我是今年大一的新生。刚开学的时候，我还是信心满满的，觉得自己能解决大部分问题。前一个月的情况似乎也证明了这一点，我选了三门选修，但是也还都跟得上。高数传说很可怕，但是随堂测验考得也还好，是班级前几名。还参加了各类文体活动，都拿到了很不错的成绩。可是大概从过了期中开始吧，就慢慢地有点力不从心。有很多的 Deadline 要赶，学习也慢慢听不懂，我睡觉的时间越来越晚，做事效率也越来越低。就在上一周，我终于感觉自己要崩溃了，事情太多，太多了。于是我忍不住就开始逃避，开始拖延，什么事情都往后放，能眼前快乐先眼前快乐。但是我也知道这样是不对的。于是我尝试要正常作息，提高效率。可是好像没有办法，我试了三天，但是依然提不起精神。今天，我十一点上床，想睡觉。然后躺呀躺，直到我最后一个室友都上床睡觉了，我还是睡不着。我感觉很不好，非常不好，生活很没有动力，我不知道怎么办……

失灵的发动机

树洞回信

失灵的发动机，你好！

看完你的文字，树洞君不禁有一种很焦急的感觉，非常紧迫；同时也让树洞君

很感动，你真实地在诉说着自己的内心感受，想让树洞君更清楚地能理解到你现在的状况。一边很紧张，很想往前跑，另一边又有一股力量牵制着自己，拉也拉不动，以至于只能瘫坐在那里。两股方向相反的力量同时存在，越是想控制，越是被束缚，奋力向前的力道反而被消耗殆尽。

看到你说，刚进大学的那会儿，兴奋、自信满满，树洞君脑海中的画面就是你撸起袖子，要大干一场。你也确确实实把自己的学习生活安排得满满当当，成绩也很不错。但一过了期中，突然感到自己前面好像竖起一堵墙，各种状态急转而下，效率越来越低，甚至挫伤了自信心。也看到你想了很多办法，包括向树洞寻求帮助，自己主动积极尝试来扭转这种情况，虽然不容易，但心态很积极。让我们一起来看看还有哪些方面可以帮到你：

首先，让你的身体带动心，从行为开始改变。如你所说，从作息开始改变，但如何回到有规律作息呢？我可能会在你的做法上稍做一些调整。如果不能早睡，也不要晚起，依然按正常时间起床，早上大自然带给我们的阳气是最充足的，可以走出寝室，走到花园里、林荫道上，散个步，做个有氧运动。记得早饭一定要吃，能及时给身体和大脑补充营养。白天先不补觉，午餐过后小憩一会儿，一般 12 点以后半小时的午睡即可，切不可睡上几个小时，傍晚时做半个到一个小时喜欢的运动，出出汗。到了晚上，回顾一天的活动，观察在自然规律下，自己会不会有些疲劳，想不想早一点爬上床去睡。上床时，不要带手机和电子产品，如果想听辅助入眠的轻音乐倒是可以，不过个人觉得最好什么都不要带，床的功能越单一，睡眠的功能就越能体现，床就是用来睡觉的。就是这样，在做每一组活动的时候，都投入在当下，好好品味这些过程，让自己的生物钟恢复过来。

其次，再让心静下来，向内去觉察。先看看这段时间在自己身上发生了什么，能把发生在自己身上的情绪描述出来吗？把自己当作一个对象去观察，看看 Ta 怎么了？是在着急，还是在生气，是对自己的，还是对其他人或物？是什么事令 Ta 这么难过，你能读懂 Ta 心里的不开心吗？如果可以安抚 Ta 你会怎么对 Ta 说？除了情绪上的变化，Ta 身体上有什么不适吗？看看自己可以怎么帮助 Ta。做这些，是让我们跳出自我的框架，从另一个角度去觉察和关照自己，用“第三只眼”了解自己的身心状态和内心需要，给自己的内在更多一些关照。

有了上面的基础，理顺一些情绪后，接下来，带上理性，我们来调整一下认知与策略。分析当前面临的问题，根据轻重缓急分个类，重要的、紧急的、不重要的、不紧急的，画个二维的四象限图，把要做的事情进行归类。反思一下之前是什么样的课听不懂，这些课之间有没有共性；自己对什么方面感兴趣，什么方面会回避；哪些是别人的期待，哪些是自己真心想做的，为自己而做的；一件太大的任务是否可以拆解成若干个小任务，每次只做一件事，逐个击破；允许自己可以等待，也可以有差错的余地等等，逐步做出一些规划。有了计划，再去考量它的可执行度，“真心愿意去做”很重要，好的开始就已经成功了一半。就像你现在这样，主动寻求改变，就是进步的开始。

再来提供一些缓解压力的小方法：运用调整呼吸的方法来帮助自己放松精神，做个头脑瑜伽；每周有固定的时间和空间做自己喜欢的事情，以滋养身心；开发一项喜欢的运动，强健体魄的同时，激发“快乐激素”内啡肽的产生；学习正念或冥想，把专注力从结果转向过程，学会享受过程和欣赏自己。

另外，**同伴关系不可或缺，有问题时，广泛寻求资源。**外界事物堆积如山，心中一定压力山大，可是别人怎么能看到我们心中的山呢？向外求助是一种能力，就像你向树洞君求助一样，提出自己的问题，寻找答案。也可向心理咨询中心预约咨询，及时清理瘀堵在身体、心理上的垃圾，腾出更多的空间，让新鲜的养分流通起来，找到自己的脉动与节奏。

最后，树洞君想说，**大学生活，就像是引领长跑的一个新起点，开始时拼尽全力，可能会出现适应不良。**人生功课有很多，体力与耐力、选择与决定，都是人生的课题。与学习、与生活相处，有时候就像是与一个人相处，我对 Ta 讨厌、生气、不耐烦、嫌弃、回避，总是有原因的。梳理一下与 Ta 的关系，放下头脑中的包袱，给自己一个喘息和调整的机会，重整之后，甚至可以“让暴风雨来得更猛烈些”呢。发展自己的抗逆力（逆境中的抵抗能力），逐步培养自己适应社会的能力，增加应对事件的灵活性。慢慢去探索，你会发现并喜欢上一个在路上逐步成长的自己！

树洞主人：张菁

2.5 要不要跨专业考研?

树洞来信

我是一名大三的工科学生,大一大二的绩点恰好在保研线附近,本想通过大三的努力学习提升绩点,顺利保研。可是经过一个学期专业课的学习后发现,自己以为学得挺好,却并没有拿到一个好的成绩,并且在渐渐厌倦本专业的授课方式和学习内容。学了很多年的理工科,自己的数字计算能力却没能提升。马上进入大三下学期,是时候开始为保研或者考研做准备了。如果要考研,同样需要辛苦一年,更想考取其他专业的研究生,可是想到自己在这个专业已经奋战两年半,又有些不甘心放弃。所以现在陷入纠结的状态,老师有什么建议吗?

一个纠结的同学

树洞回信

一个纠结的同学,你好!

看起来是争取保研、考本专业研究生和跨考其他专业研究生这三个选项的选择让你纠结犯难了。其实树洞君感觉起来,争取保研让你有些挫败进而心生倦意,考本专业研究生似乎不是自己特别想要的,但又有些不甘心和放不下多年在此的奋战,这同样影响到你报考其他更想考的专业的决心。据树洞君所知,类似的这些困扰在准备要考研的同学中并不罕见。一般而言，纠结困惑较多来源于两个层面：第一，事实信息掌握的充分程度；第二，内心对自我期待的清晰程度，以及行动与期待的一致性程度。说得更直白些，第一点就是对各个选项的情况信息足够了解吗（比如保研的话，自己还差什么，差多少，能补上吗，等等；跨考的话，跨考哪个专业，难度系数如何，学习内容和授课方式是自己喜欢的吗，就业方向和前景如何，等等）；第二点就是内心对自己真的想要的东西有多清晰，以及所做的与想要的是同向而行还是或大或小的偏离，甚至背道而驰。

对于第一个层面的问题，树洞君建议你还是需要找相应专业的老师、学长和同学、专业人士等进行详细的询问了解，并通过网络等途径多方面地收集信息。**帮助自己有充分的信息来做比较、权衡和决策，要避免闭门造车，避免单凭自己的想象和十分有限的信息来做选择。**高考志愿填报时，可能很多人已经吃了这种“信息不足”或者“信息歪曲”的亏了，希望这样的遗憾不会在你研究生专业的选择上出现。对于第二个层面，树洞君想提一些问题，如果你愿意的话，可以花些时间，诚实认真地给自己做出回答（有个假设是你已经明确如果要跨考的话会考什么专业）。

1. 跨专业考研是早前就有的想法，还是近来才萌生的？

2. 为什么早前就有了跨专业考研的想法？或者是什么原因让你最近萌生了跨专业考研的想法？

3. 如果跨考成功对于你意味着什么？会带给你哪些可能的影响和变化？这些是你想要的吗？为什么？

4. 如果你最终不选择跨专业考研，主要的原因会是什么？

5. 对照问题 3 和问题 4 的回答，你有哪些发现？

6. 继续上本专业的研究生对你意味着什么？会带给你哪些可能的影响和变化？这些是你想要的吗？为什么？

7. 如果你最终选择跨专业考研，主要的原因会是什么？

8. 对照问题 6 和问题 7 的回答，你有哪些发现？

9. 根据问题 5 和问题 8 的发现，你认为哪些东西/方面/原则/价值观……对于你是特别重要的？

10. 基于问题 9 的回答，重新审视三个选项，你有何想法？

11. 基于问题 9 的回答，有没有不同于那三个选项但切合你所看重东西的可能的新选项？

12. 想象十年后的你会对当下面临选择的你说些什么呢？

希望这些问题能通过你自身的深入思考和诚实回答带给你一些启示。对于上面所述的第二个层面，除了通过这些问题的自我回答和整理外，你也可以找你信任的人进行深入的交流，可以继续就以上这些问题进行更多的沟通，也可以好好探索一下你的困扰背后的需要和担心以及他人中肯的反馈。如果需要的话，你也可以选择走进心理咨询室，与我们专业的咨询老师一同去更深地看见和发现。

人生就是一条充满选择和不确定的路，也许永远也没有最正确的选择，因为一切都会变化，但任何时候自己内心的声音和需要都值得被听见和重视。祝愿你早日做出适合自己并遵从内心的选择！

树洞主人：方圆

2.6 多重压力使我不堪重负，想要逃避

树洞来信

读研后我觉得自己越来越不如别人，我的六级考了好几次都是四百多分，我真的受够了现在的生活，我真的也不想努力了，我很讨厌现在的生活，我觉得自己不如别人，我想努力但是我又觉得自己努力也做不好，只想逃避。我不努力又害怕对不起爸妈努力工作挣钱养我，现在读研也还花爸妈的钱，我很有负罪感。我做事情也坚持不下去，好难过，好想找个地方大哭，我妈说只要我开心就好，可是我觉得我不努力就对不起他们。现在导师也让我写论文，我真的很讨厌实验室，我害怕老师给我发消息，我害怕听到手机响，我真的希望老师别来找我，我真的害怕老师，害怕出错但是老师又不能永远不找我，我真的受够了自己，受够了现在的生活。真的好痛苦。

压力超载的气球

树洞回信

压力超载的气球，你好！

第一眼看到你的留言，给树洞君印象最深的是你强烈的压力感，以及对自己强烈的否定，甚至是自我厌弃，感觉到你对多重压力难以耐受的焦躁、无助、内疚、绝望，树洞君立马让老师转告你，建议你尽快寻求咨询，不知道你现在怎么样啦？

一定的压力有利于我们调动能量来应对，但压力感超过一定的度，维持痛苦而无解的状态到一段时间，怎么努力都不见好转，就说明压力超过了当前自我应对能力的范围，已经让人难以动弹。越努力结果却越不如人意，这不是一般的劝解和自我调节能起作用的了，这时候我们常常只想逃走，只想中止痛苦，这样的情况出现时，正是我们要寻求专业帮助，学习新的调节方式的时候。

树洞君很高兴，你将这种矛盾痛苦的状态写了下来，但愿你有接受我们的建议，有寻求进一步的专业帮助。在树洞君的咨询生涯中，接待过许多你这样的深陷压力困境和自我怀疑的优秀学生，许多同学后来都对自己的生活有新的整理，对自己的状态有全新的认识，回头再看压力也不再是那个压力了。

感到压力大是我们这个高速变迁时代人人会面临的挑战。然而对研究生来说，多重的压力更容易使我们的生活失去平衡。《自然》期刊在 2017 年针对研究生的心理压力与心身症状做了调查，有 5700 多名研究生对调查做出回应。他们的反馈足以反映出全世界博士研究生在学业期间所遇到的共性压力源：学习工作与生活的不平衡，经济的压力，未来职业发展的不确定，研究的不确定感，论文写作的压力，与导师的相处，情感上的冲突等。而对中国学生来说，背负父母的巨大期望，施与受的不平衡更容易让我们不堪重负。因此，《自然-生物技术》职业与招聘版块(Evans et al.，2018)中指出，研究生患抑郁和焦虑概率比一般人群高六倍。研究生生涯可以使我们学到更深入的知识，获得更高的学位，为未来更好的发展打下基础，但同时也意味着让我们承受更多的压力与考验。为此，学习压力管理的相关知识，提升压力调节的相关能力，增强压弹力，对研究生来说，就是我们的必修功夫了。

其实压力并不是真的问题，如何应对才是真正的关键。树洞君不知道你平时用什么样的方式为自己减压。如果只是用一些诸如游戏、跑步、瑜伽、冥想等放松减压的形式而不触及与自己的生命发展有关的根本问题，压力感容易此起彼伏。最深层的自我减压，涉及生命目标的探索，亲密关系的梳理，应对方式的改进等等。

咨询中心针对学业遇挫的同学开设了学业减压与个人成长工作坊，这个两周一次为期一年的工作坊，会教大家风靡全球的正念减压，萨提亚模式的个人成长探索，以及身体能量分析与压力调节，帮助同学们学习新的存在方式，与自己的生命力建立新的联结,同时对自己的压力应对模式有更多深入的了解与探索。有兴趣的话,你可以来了解。同时,你也可以阅读《多变世界中的压力应对》《斑马为什么不得胃溃疡》这两本书,斯坦福大学的凯利教授有一个著名的演讲《与压力作朋友》,也用很生动的方式呈现了压力研究与实践中的相关发现,通过这些学习,你可以为自己储备好更多的减压知识,帮助自己发展出更个别化的减压方案。

树洞主人:刘翠莲

参考文献:

Evans, T. M., Bira, L., Gastelum, J. B., Weiss, L. T., & Vanderford, N. L. Evidence for a mental health crisis in graduate education. Nature Biotechnology, 2018, 36(3): 282.

Woolston, C. A message for mentors from dissatisfied graduate students. Nature, 2019, 575(7783): 551.

2.7 我是个博士，却被迫进行与研究无关的工作

树洞来信

进入博士阶段的工作以后，压力很大，还被强迫进行与自己研究无关的工作事务，无法拒绝，时常需要熬夜。感觉离梦想越来越远，科研工作进展很慢。看到同学伙伴不断获得成功，最近情绪更加低落，兴趣丧失。

失落的博士

树洞回信

失落的博士，你好！

我的第一反应是你需要学习一些拒绝的技巧。但我想这些都是老生常谈，你身边肯定很多人说“不想做就沟通啊”这种话。估计也没多大作用。

然后我又看了一遍你的提问，体会到这些文字背后的无力。忍不住叹了一口气。想起我在大学做心理咨询时接触过的研究生，想起我自己读研的那些岁月。

我想说……研究生真的挺惨的。

这种惨，不只是因为那么多“与研究无关的事务”，还有更大的压力。跟导师、跟学校、跟工作事务都没关系，它是更直接、也更沉重的负担。那就是科研本身的压力。

假如没有这些无关事务，让你可以一门心思做科研，问题是不是就全部解决了

呢？说实话，我自己也读过研究生，做科研真没那么简单。我有一些工作过的同门，他们吐槽说，没有比科研更反人性的工作了。普通工作至少有一点甜头。一年做到头，KPI可能不达标，总还是做成了一些事。科研真的是可以一点结果都没有。可能你耗费了大半年，做出来的成果却毫无意义。要么数据无法解释，要么勉强解释了，审稿人的毒舌让你分分钟怀疑人生。感觉上，审稿人的职责就是从鸡蛋里挑骨头，越把你贬得一无是处他们越有成就感——谁的工作经得起这样挑？一篇论文挑来改去，改一两年都不一定被接收。一个实验设计不合理，打回来重头做那是家常便饭。最要命的是，别的工作遇到瓶颈，还可以参考前人的经验，而科研呢？你研究的是未知。未知是什么意思？连导师都不知道前面有什么。**所以说，你看到那些不断成功的伙伴，就好像看到在股市里赚到钱的散户一样，你的心态要放平。首先他们是少数。其次他们真的天赋异禀。第三，就算是这些少数天赋异禀的人，你也是只看到他们吃肉，没看到他们挨打。**

好了，听完这些丧气话，再请你回答一个问题：

假如，现在有一个按钮摆在你面前，你按一下，所有“与研究无关的事务”就会立刻消失，你就会立刻投入到上面说的这种反人性的、充满不确定的、投入很多却毫无回报的科研工作中，再没有退路可走了。你确定要按吗？

如果你确定要按，恭喜你。说明科研是你的梦想，你无论如何也要追逐下去。有这样的决心，你就会有经历九九八十一关的勇气。第一关就是学会拒绝，学会用坚定的语气说出：“导师，我想做科研！”比起科研路上其他的艰难险阻，这只是你的第一步。

树洞主人：李松蔚（特约）

3.

寝室风波

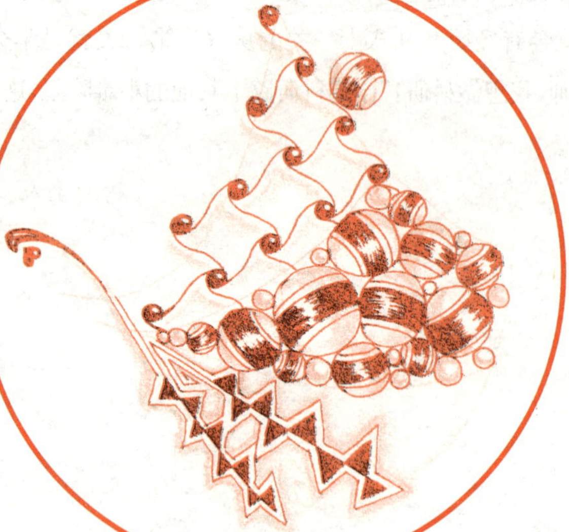

3.1 难以相处的室友关系

树洞来信

从开学到现在，已经与室友产生了大大小小不少的摩擦，每次都是在不了了之中和解。直到上周，我问她借用一下手机数据线，她反问我一句："你自己不是有吗？"我回："我的落在实验室了。"室友一段长时间的沉默，再也没有回复我。我尴尬地转身，同时内心无比失落，为什么平时真心对她，几乎所有东西她只要开口借，我都毫不犹豫借给她，到自己向她寻求帮助，怎么连起码的尊重都没有？事后我也和她交流过，她的回复是："借不借是我的自由。数据线这种东西多备几个不就行了。每个人都有不同形式的表达，我沉默就是表达不想借。"

我实在接受不了，过段时间我再次和她谈起这件事情，她说因为我借东西总不还，所以不想借。我承认确实有些东西我是忘记还了，比如一盒化妆棉。但有部分东西是她前一晚借我，第二天下午她就自己拿回去了，我根本来不及还。我解释她也不听。

刚开学，我和她与其他几个同学组成一个课程汇报小组，突然有一天我打开手机就看到她一连串的话和已经把我移出群的消息。我真的不懂，作为组长，她连组员交稿情况都没搞清楚，在个别组员出现懈怠的时候电话都不打一个，就果断解散小组所有人，然后重新组队。我无法理解她的行为，当我诚恳地告诉她这样的行为不妥后，她说了一堆恐吓的话，让我感到恐惧。

我对以后该如何和她相处十分迷茫。她在小组事件之后还说我在指责她，认为我孤傲自负。现在我们的协议是：今后互不干扰，否则就请辅导员介入调换宿舍，还录了音。老师，我想知道这件事情是我错了吗？我是不是真的人格有问题？

头疼的鹿角

树洞回信

头疼的鹿角，你好！

看过《同桌冤家》这本书吗？室友一定是比同桌更难相处的一种同学关系了。人们都说要和室友好好相处，因为这是大学里最容易交到朋友的选项，足不出户就可以相知相交，多难得的缘分！殊不知，这种未经选择就随机安排的室友真的会很难相处！兄弟姐妹在一起都会吵架打闹，更何况是没有血缘关系、原本根本是陌生人的室友关系呢？天天抬头不见低头见，可以产生摩擦的素材俯首皆是啊！看得出你一开始对室友有美好的高期待，室友借什么你都毫不吝啬，而且你们那么高频度的互借有无，应该一度有过友情的“蜜月期”，出现矛盾后你也曾经想过妥协调解，“很多次的不了了之”还有“事后的谈话”都是不懈努力的证明，但怎么还是处着处着就变成了“互不干扰”协议呢？难怪你会迷茫，不仅怀疑和室友根本无法好好相处，还在室友的指责批评中怀疑自己“是不是人格有问题”。

树洞君觉得这不是简单的谁对谁错、谁有毛病的问题，因为大学生这个年纪都有长长的成长过往、教育和养育背景，都有愿望达不成之后的挫败感，那种挫败感后面的人生坎坷历程绝对因人而异。有的会把挫折感变成愤怒、被害感，要反击回去，由此走上了复仇或疏远之路；有的会把挫折感变成失望、伤心、绝望，从此看透人生、看破红尘，怀疑自己、怀疑对方、怀疑人生，有的还会有别的处理方式。这里你和室友好像各自选择了一条不同的路。但无疑，你们都面临一个新课题，如何处理人际冲突？大学里学习这门课的学费最低，因为职场上、婚姻中会涉及更多实际损失，一旦练习失败，成本要高得多。

人际冲突的结果常常取决于对彼此差异的理解和处理。举个不恰当的例子，你是只兔子，室友是只斑马，本应老死不相往来，不想却同住一个屋檐下。良好的意愿、真诚的努力不能完全消解彼此巨大的差异，你希望不分你我、有话直说，对方却喜欢默不作声、自我领会，可能是性格的差异，也可能是各自家庭教育、生活经历的不同，毕竟你们相遇时已经各自生活了十几年。处理差异的第一要务是相信大家都是同一个目标，面对不同的行事风格，我们来邀请合作而不是指责对方。同一个目标就是谁也不想把宿舍变成战场，大家都希望尽量减少冲突，你减少冲突的方法是真诚沟通、澄清原委，她减少冲突的办法是回避可能的不愉快、自行体会，越过差异去领会对方的难处和特点是求同存异的真谛。比如，和室友的沟通开头语变成合作的邀请而不是让对方改变的要求："我们的方式确实很不一样啊，不过目标都是一致的，谁不希望和室友友好相处，宿舍氛围轻松愉快呢？我相信你那样解散小组一定有你的考虑，是吧？能说说看吗？"

著名的沟通学家 Beteson 有句名言：差异的差异就是信息。这么拗口的名言意思其实很简单，人们之间无法避免会有差异，差异本身不是最重要的信息，为什么会有这些差异是最有价值的信息。你和你的室友认识之前，在不同的环境下，生活快 20 年吧，你奉为人生信条的价值观可能正是他们家反复反对的（此处需要你自行脑补画面），比如"你爷爷当年就是吃了这个亏，千万不要随便借别人东西！"

生气、失望之前，看看是不是她对每个人都这样，还是只对你这样？如果人人都这样，说明这是她的脾气秉性，为什么会有这样的差异？这是个有趣的人际课题：你小时候住哪里？谁带你长大的？有什么好玩的事情？小时候你最讨厌的事情是什么？……我们有时因为太渴望友情而过快圈定"好闺蜜""铁哥们"，其实还没有彼此好好了解和理解。**所以，暂时忘掉对错的担心，在"诚恳地指出她的不妥"之前，不妨先问一句："你这么做，肯定有你的道理和考虑，可以告诉我你怎么想的吗？"**像看外国人一样耐心看看你们的差异，能理解和接受的部分不妨慷慨地加以认可和欣赏，实在不喜欢或不能接受的部分不妨商量个求同存异、相互妥协的两全之策。

树洞主人：姚玉红

3.2 宿舍关系——不能控制的狼人杀

树洞来信

室友基本每天玩语音狼人杀玩到半夜两三点，导致我无法早睡。我说我准备休息睡觉了，室友会压低声音继续玩，但不会停。有时玩得激动了声音会不由自主大起来，我准备入睡的时候就醒了。这栋楼认识的人不多，也不好换寝室。所以，我应该怎么办？

无辜的村民

树洞回信

无辜的村民，你好！

看到你说室友玩狼人杀到半夜，导致你无法正常睡觉休息，换作树洞君也会感到很抓狂，而且天天这样，谁能受得了呀！因为这样的情况，你也为自己的权益做了一些争取，告诉室友自己准备睡觉了，但效果不尽如人意；由于在这栋楼你认识的人不多，因此你觉得自己也不好换寝室——这一切似乎让你感觉到无所适从，不知所措。

树洞君猜想，你会不会是一位更能理解他人话语的意思并且也愿意更多地为他人着想的人呢？如果是你在玩游戏时，室友对你说了一句“我准备休息睡觉了”，你也许会听出言语背后的期待：你玩游戏的声音会吵到我休息睡觉，我希望你能早点停。树洞君猜，理解到对方的期待后，你很可能不仅会压低声音，而且会尽早结束游戏。如果现实中的室友就像树洞君猜想的你一样该多好呀！

但是，我们必须要承认的是，现实世界中的每个人都是不一样的，都是独特的，我们不可能强求他人一定要拥有与自己一样的特质和行为方式。然而，我们往往会不经意地去这么做：说出我们觉得应该被理解的话，而我们认为的清晰透明的“薄纱”在他人那儿可能就是看不清的“浓雾”。以我们会采取的行为方式去想当然地期待他人也那样做，下意识地忽略了人与人的不同。**因此，在各种人际交往中，需要我们正视人与人在言语的表达和理解、行为应对等各方面的不同，通过充分有效的沟通去达到双方确实的理解，在求同存异的基础上努力达成双方都可以接受的状态。**反之，当我们在人际中习惯于不清晰不充分的沟通表达，以及从自我方式出发提出对他人的期待，我们常常不能得偿所愿，甚至会很有挫败感。如果这种模式继续，不满一再累积，缺乏沟通而导致的内心发酵很可能会使我们滋生出对他人的恶意揣测和敌意，进而不自觉地产生某些攻击性，人际关系也将不可避免地被影响甚至被破坏。

那在人际中具体该如何清晰充分地沟通呢？这并没有绝对唯一的答案，在这我们介绍一种参考方式，也许你可以先做尝试，再根据自身特点和需要进行优化。这种沟通表达的方式大致包括三个方面。

1. 不带评判的事实陈述。这部分内容重在客观地表达事实，尽量不加评判性、主观情感性的说辞。根据你的情况，也许可以对室友说：“昨晚我躺下睡觉后，你玩狼人杀一直到凌晨两点多，这期间你一直发出声音，激动起来时声音更大，我直到你游戏结束后才能睡着。”同时，在表达的语气上也尽量保持平和冷静。

2. 表达你受到的影响和内心感受。这部分的表达有个重点是，用“我”（第一人称）来表达，说“我”而不说“你”。因为“我”受到的影响和内心感受我自己是真实体验到的，我可以如实表达，而我口中的“你”未必就是你，很有可能包含着失真、误解甚至是偏见。在你的例子中，也许可以说：“昨晚我睡得很不好，今天精神状态很差，说实话，我挺烦躁的，还有点生气。”

3. 清晰地表达你的期待，并倾听对方的反馈。这部分内容常常以“我希望/期待”开始，以“你觉得可以吗/怎么样？”结束。以这样的方式，我们可以清晰明确地表达出自己的诉求，并且以商量的口吻征询对方的意见。在你的例子中，也许可以说："我希望今后你在宿舍里玩狼人杀能不晚于12点，你觉得可以吗？"有可能我们的期待不能马上达成或者一次性达成，但通过这样的表达可以让对方明确知道我们的诉求，同时建立起进一步沟通的共同基础，最终达成双方都可以接受的结果。

如果你想了解更多有效的人际沟通方式，可以参看《非暴力沟通》一书。一般而言，通过几次这样的沟通，情况通常会获得缓解甚至化解。但如果实在无效，可能需要寻求辅导员老师以及宿舍管理人员的帮助。不过如果你是在表达上遇到了困难，知道方法或者都想好说的内容了，但就是讲不出来，你可以来咨询中心寻求专业的帮助。

相信愿意为他人考虑的你，当恰当的表达出自己的感受和想法后，同样会得到大多数人的理解和配合的，试试看吧！

树洞主人：方圆

3.3 相处好，同住难

树洞来信

我习惯了晚睡早起，是的，晚睡早起。我可以睡很少的觉保持充足的精力，而且我早上喜欢运动半个小时以上，所以我大概六点半会起来洗漱收拾一下，但是我的舍友她不喜欢早起，我已经尽自己最大努力把声音弄得很轻很轻，可是她还是一次又一次找我说她睡不好觉，让我再小点声。

可是我不想因此而改变我的运动计划或者早起的习惯。从我选择双人间开始，我就已经做好准备容忍她了，我从来没有跟她提过任何要求，其实她每天晚上要和男朋友视频到将近十二点甚至更晚，我也并不喜欢。因为我回宿舍要收拾东西换衣服上床睡觉，都感到很麻烦很不方便。但是我从来没有和她说过，因为我体谅她异地恋。可是我觉得她并不理解我也有我的生活方式，而且我觉得她没有认为我已经忍让了她很多。

其实她比我大五岁，而且我觉得如果老师想劝我说毕竟你是双人间，你要多考虑别人的感受，那她在当初选择双人间的时候没想过两个人生活就是不可能步调完全一致的吗？为什么我一次次忍让她换来的不是她对我的一点理解呢？而且之前其实有很多小事都显示出她其实是个很计较的人，或者说挺自私的。我也不知道要怎么办啊。她再找我说让我不要出声音的时候，我还是得笑脸相迎吗？我可以很严厉地说我其实也包容她很多了吗？

烦恼的猫头鹰

树洞回信

烦恼的猫头鹰，你好！

看到你的状态树洞君有点惊讶，你生活的习惯是晚睡早起，但仍能保持精力充沛，听起来是个能量满满之人，对你还蛮钦佩的。早晨这段时间你可以做很多的事情，比如锻炼，这对你来说很宝贵，这么良好的生活习惯保持下来也确实不易，值得赞赏。树洞君不知道六点半起床对大学生来说意味着什么？如果宿舍里都是生活习惯步调一致的人，这会是一个非常值得提倡和鼓励的做法。如果步调不一致，可能就会带来一些比较难以调和的问题。树洞君不知道你的舍友是什么专业的学生？你说她比你大五岁，是不是你是本科生，她是研究生？这种学历上的差异、专业上的差异，或许也有一些不一样的生活节奏，比如，我们学校设计创意学院、建筑城规学院的学生就常熬夜加班到深夜，甚至通宵，对她们来说，早上的睡眠时间就变得非常的重要。但这也不能成为对方要求你必须晚起的理由，我在好奇，她一次次地找你，让你再小声一点，是否带着商量的口气在请求你，而并非让你必须改变你的生活习惯？

从你后面的表述中，树洞君听到你从选房间开始就准备“忍”了。说实话，树洞君听到这个字还挺惊讶的，一般来说，对两人间宿舍的新舍友不会有很多的情感期待吗？毕竟是在同一个屋檐下每天生活在一起的两个人，是需要相互照顾，相互支持，相互倾诉，相互依赖的两个人呀。**“忍”会产生某种比较负面的情绪和心理的失衡状态，忍让会让自己觉得委屈，会有抱怨，即使不讲出来，在心里也会想，在情绪上、面部表情上和肢体语言上可能都会不经意间流露出来。**一旦两人关系是基于忍让和负性情绪而生活在一起的，或许彼此的平衡状态就被打破了，你觉得自己受了委屈，她觉得你对她有情绪。即使“笑脸相迎”，可能委屈和愤怒的心情也藏不久呢。这样，两人沟通的通道就堵塞起来了。如果你想听听树洞君的建议，树洞君会说，或许这些情绪是你们首先需要去梳理的，然后，不妨从真诚的交流开始，去表达对两人在一起生活的美好期待，去表达希望跟彼此更亲近的意愿，去表达对彼此的支持和理解。当两人的情感流动起来，“忍”也就不存在了。换来的，或许是更直接而不带伤害性的语言和期待，对方对你早起的动静或许也就有了更强的“免疫力”。

关于谈话的场合和时机，或许两个人约着出去吃个饭或者在比较轻松的场合下沟通会更好一些。尽量避免在两人都有情绪，剑拔弩张的状态下去沟通。

“之前其实有很多小事都显示出她其实是个很计较的人，或者说挺自私的。”带着这种假设你会怎样去和对方相处呢？树洞君不知道你们在一起成为舍友多久了，在相处的这些时间里，她身上有没有你欣赏的地方。否则跟一个自私的、计较的、全是缺陷的人天天生活在一起该有多痛苦呀。或许换一种欣赏的眼光，看到她的优点，你的生活也会轻松一些。

如以上统统无效或无法做到，或许可以开诚布公地谈谈彼此的需求，各自的期待，通过约定一些规则，共同遵守来达成某种平衡。比如谈谈两人都能接受的作息时间，询问对方那么晚视频的原因是什么，选择这个时间是习惯还是不得已而为之，是否可以调整到稍早一些。你的作息时间是否也可以相应更有弹性一些，推后半个小时或者部分运动时间改为夜跑。**通过相互让步，彼此坦诚的交流，也许会达成新的平衡。**

树洞主人：吴双磊

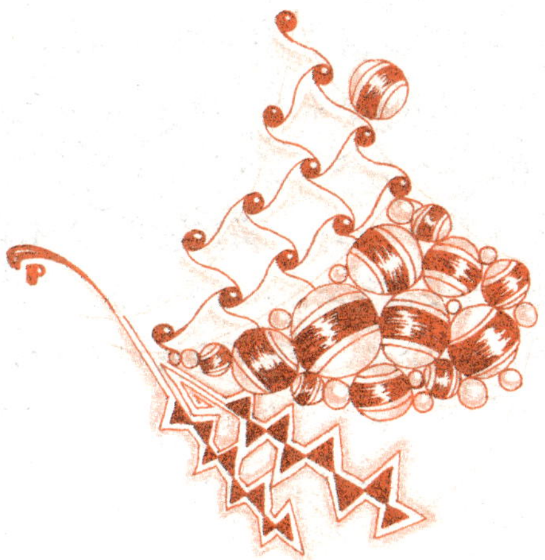

3.4 不小心说了舍友坏话，如何缓和关系？

树洞来信

舍友A是一个非常聪明的人，平时爱和人开玩笑有些不正经，打打闹闹和他的一帮兄弟们关系都还不错。学习成绩也很好。而我是一个没有天赋的人，我需要付出更多的努力才能达到他能达到的水平。平时虽然兴趣不同，没有太多的共同语言，但关系也还不错。但是我的勤奋刻苦更会给人留下好印象。

就在几天前要考C++的时候，大家一起复习，有了问题都会去问A。有一次另一个舍友B选择问我，被他叫去问他，发生好几次我也没介意。考前一天晚上舍友B有问题来问我，A听到后叫B去问他，这次我觉得不是个什么难问题，就和B不停调试找问题把程序做好了。B无意间说A不是一个朴实的人，我当时觉得这是开玩笑就也跟着附和了几句。自那以后A就变了很多。平常游戏不打了，每天在自习室待到十点多才回来，平时和舍友一句话也不说。有作业不会要互相交流或者要对答案的时候，我犯错A也不告诉我，但其他人的他还是会说。可能我无意间的举动打破了人与人之间的平衡，我希望能改善一下和A的关系，但A这个人一直对我爱理不理，请问老师我该怎么办？

说错话的北极熊

树洞回信

说错话的北极熊，你好！

树洞君欣赏你对室友关系这样看重，专门来提问。这份心意本身就是送给 A 的一个礼物。“如何与室友相处”是大学时代一个常见而重要的话题。想要缓和与他的关系，可能涉及这几个问题：1.他为什么不高兴？2.如何以正确姿势沟通或道歉。3.为什么是我先让步？

1. 他为什么不高兴？

从你对这件事的描述中猜测，A 是一个很有自尊心，希望得到他人认可的人。比如按你的描述，B 来问你问题的时候，他主动把 B 从你这里叫走。而你和 B 说出了对他不太正面的评价时，他表现出自我孤立，尤其是疏远你。树洞君也隐约闻到了“竞争”的味道。也许是因为学习成绩都很好的原因，你与他变成了在宿舍中“为他人解答问题”的潜在竞争者。那么他与你的关系自然会因为第三方（这里是指 B）的态度而变得微妙。B 从他那里“转投”到你这里，又发出了对他的不利评论，那么自然他是不舒服的。

2. 如何以正确姿势沟通或道歉？

虽然你们的矛盾可能来自他的自尊心或你们的潜在竞争关系，但毕竟你与 B 当面说了 A 的坏话，确实需要主动缓和关系，我们该如何做呢？

通常来说，做了 1 件坏事需要 5 件好事来弥补。记住 1∶5 的黄金法则，别指望做了 1 次努力就得到对方的积极回应，对方需要先感知到你的诚意。

1）首先，如果上面的推测合理的话，我们允许对方受伤后耍会儿小性子，生气地逃离人群，负气而走，避开让自己失望和自尊受损的地方，这是一般人都会做出的正常反应。

2）真诚的道歉。如果觉得自己当时与 B 一起说的话是不合适的，是伤害对方感情的，那么不妨正式地、诚恳地、平和地向 A 说句对不起，并表达出自己目前纠结的心情以及想和他修复室友关系的愿望。注意在道歉时，试着明确说出自己认为自己做得不对的具体行为，而不是概括性的道歉。并且主动表达出你认识到了这些行为给对方造成的影响。这个过程中，如果你可以表现出更多的同理心，表达出你能感同身受他的不舒服，那么对方更容易接受你的道歉。

3）表达对他的欣赏。如果他把你当作竞争对手，那么说明他认可你的水平与能力。你们可以试着建立类似江湖中高手之间惺惺相惜的关系。来自你的认可和欣赏一定也是他非常期待的。

以上这些，如果无法当面表达，比如你实在受不了被冷言拒绝或被冷漠无视，可以通过文字，比如以微信或邮件的形式给他写一段话，但千万记住不要指望立即有好的回应，仿佛饥饿的人只是吃了一道菜，不会马上感觉饱。

4）用非言语信息表达自己。住在一个宿舍意味着你们有很多的机会来修复关系。记着 1∶5 的黄金法则去用行为为他做点什么。吃饭时一起叫上他，玩游戏时叫上他一起开一局，在他有困难的时候主动帮助他一些。我们可以用日常的"温暖"来融化"冰山"。

3. 为什么是我先让步？

不只是室友关系，在家人、爱人、朋友、甚至陌生人的各种人际关系中，道歉或者"主动让步"都是一件很难的事情。我们往往心里认为自己没有错，至少不全是自己的错，那凭什么要我先主动让步呢？

这便是在人际关系相处中需要克服的一个障碍：道歉的羞耻感。道歉意味着承认自己的过错，承认自己在"闹得不愉快"的事件中需要承担一定责任，那么道歉的一方往往会升起一股羞耻或内疚的心态。它与我们的自尊心是冲突的，我们时常想回避它，因此道歉并不容易。

但正是因为道歉不容易，才使得能够迈出道歉这一步的人显得尤为珍贵。它体现了你的心理很强大、很耐挫，同时也表现出你肯为了维护友谊去付出很多努力。这些都是一个人真正内心健康的表现。

综上，信任一旦破坏，重新建立是个比较微妙的过程，必须有一方愿意主动冒险。举个例子，哺乳动物和人类建立信任关系有个快捷的仪式，就是人类把手伸入动物的嘴里，动物发现人类不但不怕自己，还把自己很重要的手放在自己的牙边，这是非常信任和友好的信号；与此同时，人类发现自己把脆弱的手放在坚硬的牙边，动物也不会伤害自己，这也是一个非常信任和友好的信号，如此反复多次，从而逐渐彼此信任。但在此过程中，因为不小心弄疼谁的可能性非常大，彼此误会而破坏关系是非常微妙的过程。**所以，修复关系是一门深奥的学问，需要不断探索和练习，还有冒险尝试。**但树洞君相信：如果A接收到了你的诚意，一定会与你关系有所改善，毕竟谁会嫌真心朋友多呢？

树洞主人：姚玉红 王乐实

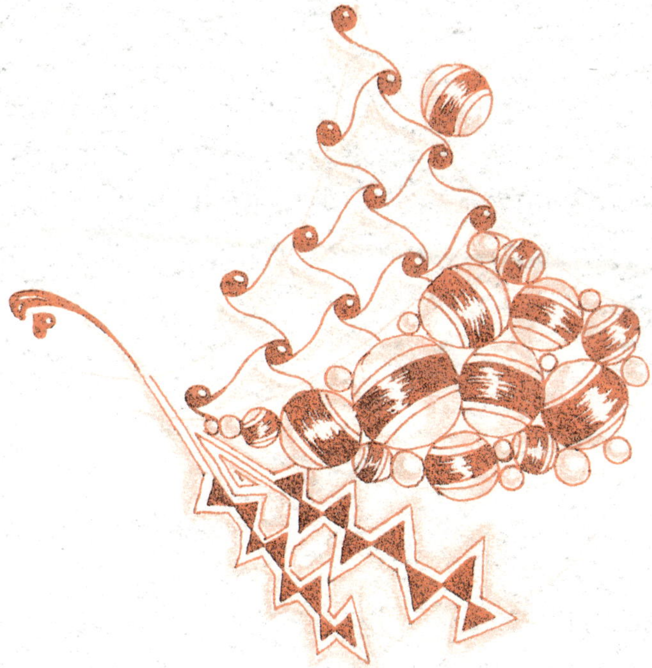

3.5 宿舍烦恼：怎么应对不知悔改的麻烦室友？

树洞来信

老师，您好。我们宿舍最近因为其中一个舍友老是摔门感到很苦恼。事情是这样的，那个室友和大家闹矛盾了，不讲话，她老是在大家睡觉或者安静地写作业的时候摔门，很影响同学。我们之前多次提醒她注意，她都没有改变，该怎么办才好呢？

头疼的住宿生

树洞回信

头疼的住宿生，你好！

这真的是个麻烦事儿呢。抬头不见低头见的宿舍关系有时候真是不好处理。

听上去这个室友有点“刺头”，一是和大家闹了矛盾，二是矛盾之后还拼命摔门，三是屡教不改，三重“罪过”集于一身，让你们束手无策，既不想搞得事情太风波四起，也不想就这样一直忍气吞声，明明是她不对啊，为什么我们要这么委曲求全？

谢谢你在憋屈到出大招之前来我们树洞提问。树洞君猜你该是个谨慎稳重的“理性人”（手动点赞）。树洞君想先抛出一个心理学原理，叫作“关系第一，影响力第二”。大概的意思就是我们想要改变一个蜡烛的形状，先要把蜡烛烤热熏软（软化矛盾对立的关系），让蜡烛心甘情愿、顺其自然地为塑型者改变自己。你们想改变那个室友的摔门行为，但关系已然僵住，所以感性的人容易为了对抗而对抗，哪怕明明知道对错是非，也一副完全不讲理的样子挺在那里："我就不想改，你能把我怎么的?!"气死旁边讲理的一群人。

那个室友明明错了，为什么还要坚持与你们对抗呢？而且用摔门这种充满小孩子气的方法？想表达什么呢？如果"摔门"这个动作会说话，它会说什么？一方面是情绪的发泄，不满、生气、不甘心、孤独、郁闷或者羞愧等等，另一方面是还想和你们发生关联的尝试，她忍不住还是很在乎你们的反应，让你们也无法忽视她的存在，一次次摔门好像也在寻求关注：你们不要不理我！虽然我不知道怎么主动和你们和好，但你们要过来理我，休想把我这么轻易地扔到一边就不理不睬了。换言之，这样的摔门恰恰暴露了对方的"外强中干"——很在乎你们，希望吸引你们的注意力，只是方式是破坏性的，效果南辕北辙而已。人与人之间的关联除了友好互惠，还有对抗互伤，都好过完全没有关系。

因此，第一招：**先不着急试着改变她的行为，先试着表示点珍惜"百年修得同舍缘"的大度，传递一点友善过去。**

具体地说，你们商量下，要不要试试先轮流跟她尽量情感上多贴近点，轮流的好处是万一吃了挫折可以换另一个人，耐挫力可以因为人多而倍数增长。试着尽量表达对她其他方面的欣赏和认可，免去开口就提意见的嫌疑，尽量有全宿舍共同活动，说服其他人邀请她，等等。

树洞君在想不妨每次她摔门时夸她："手劲真大啊，我们的女大力士呢！以后遇到歹徒就靠你了啊！"——说这句话的时候要注意语气和氛围，没有基本的信任和友好做铺垫的话，容易被误解为讽刺。

树洞君想讲的第二个心理学理论就是：**人与人之间你来我往的互动可以彼此影响，让互动朝向或背离目标快速发展。**不知道你们闹矛盾之后是如何收尾的呢？不知道你们平常是怎么提醒她不要大声摔门的呢？第一次怎么提醒的？第二次呢？提醒三次之后她又忘记了，处于习惯性地再犯时你们又是怎么提醒的呢？

一个常见的矛盾后的消极互动圈是：A 和 B 发生矛盾冲突→大家为了避免冲突升级，用不沟通来冷处理→A 思考半天，鼓足了勇气做了个小小的示好尝试→因为尝试过于细微,B还在冲突的余震当中,所以没有反应过来→A看到B没有反应,觉得非常挫败和失望,生气B如此冷漠无情,加大生气强度→B方慢慢反应过来,或者也是难忍冰冻的敌对气氛,鼓足勇气做了个小小的示好尝试→A方在加大的生气当中,根本看不到B的改变,维持或升级心中的冲突对立,尽管内心渴望和好→B看到A没有反应,觉得非常挫败和失望……如此循环往复,陷入死结。其实就是示好的决心和行为有了时间差而彼此错过,造成了更牢固的成见:她们几个人是一伙儿的,专门排挤我!我也绝不会让她们好过!

像《罗生门》一样,如果由这个摔门的同学来讲这个"摔门事件"很可能是一个她如何受伤、被排挤、羊入虎穴却勇敢抵抗、绝不低头的励志故事。**人们都更容易站在自己的角度来看问题,不仅是自私、自恋或者以自我为中心的性格原因,也有要保护自己的本能需求,尤其会在关系冲突中会优先保护好自己,包括自我形象、自我立场。**如果在关系互动中对方已经考虑到我的形象、立场和利益诉求,那我可能也就不需要那么固守阵地了,可能我也就松动一下,也到对方的视角去看看,甚至愿意为了建设关系去做点让步;但反过来,如果我时刻感觉自己的利益岌岌可危,那就得时时刻刻打起精神来固守自己的地盘不受侵犯。至于如何"建设关系""关心他人"真的无暇顾及,泥菩萨过江,自身难保了。

因此,影响对方的第二招:检视每个人面对矛盾冲突时的互动模式,大家在不愉快的氛围中是如何你来我往的,我们做了什么,她体会到什么?她体会之后如何反应过来,我们又接收到什么,然后又如何回应过去?大家像一起打球一样,发球接球再发球,每个人的表现都在为赛事的结果负责。虽然不能马上决定她的所思所想所为,但本着一个信念:谁都不希望生活在一个疙疙瘩瘩的寝室里,没有利益冲突时,谁都希望自己优雅而理性。

最后一招:可以通过老师和家长间接提醒下,这招要慎用,因为很可能传到她那里时成了嫌弃、疏离的信息,最好是前几招已经无效后再用。**兄弟姐妹同处一个屋檐下,都会磕磕碰碰,更何况是没有血缘关系的室友,但学习相处也就在这些磕磕碰碰当中。**祝你能在其中有所学习和收获,实在搞不定欢迎来心理咨询找我们一起讨论!

树洞主人:姚玉红

3.6 室友是个“公主病”

树洞来信

我室友是一个典型的“我全对，都是别人不对”的那种人，昨天还指责我“为人太理性，对她不热情，不经常和她聊天，生活太规律对她造成压力”。一开始我还觉得有点搞笑，现在时间长了真的觉得每天和一个神经兮兮的人一起生活很不愉快，希望研二暑假之前那次换宿舍能够成功。可是如果不能换宿舍我该怎么办？我知道大家都说沟通沟通就好了，可是就像上面说的，和觉得自己什么都对的人怎么沟通呢？真的很烦，2018年过得顺风顺水，也觉得自己小有成就，除了这么个奇葩室友。对了！她还在背后和同班同学说我坏话，同学还当面告诉我了，我们是一个班的，尴不尴尬?!

公主病的受害者

树洞回信

公主病的受害者，你好！

室友是宇宙中某种神奇的存在，你们不是家人也不是朋友，萍水相逢却不能擦肩而过。因着某股神秘的力量，我们姑且把这股力量叫作“命运”吧，你们被放在一个10平方左右的狭小空间里，朝夕相处，睡眠与共，这种相遇有时是一场惊喜，有时是一场惊吓。你没有很多选择，却得学会承担，真是命运的考验呢。

从你的描述看，这一次，你摊上了一个“惊吓”，室友总说你不好，当面说，背后说，真的很烦人，你躲也躲不掉，想又想不通。这种情况让你先是有些懵；你试图告诉自己，她的行为很“搞笑”，然而这种自我开导并没有什么用；于是你开始行动了，你正在试着“换寝室”，同时写信来咨询中心求助。首先树洞君想告诉你，从你这些反应中，树洞君很欣赏你：**你能尊重自己的感受，愿意去面对问题，不仅表现在头脑上，还体现在行动中。**这是很多人都缺乏的能力，即使是成人了，许多人还是想得多，做得少。而你已能够快速地寻找解决方案，而非怨天尤人，坐以待毙。由此树洞君猜想，**你在现实生活中能够获得“小小成就”，一定和你内在的积极应对模式有关。**

现在，如果你换寝室成功，你就不用每天面对一个引发你坏心情的人，你的幸福指数是不是就会嗖嗖地直线上升呢？可是换寝室也需要天时地利的配合，要赶上学校有资源，要赶上新室友和你性格相投。如果在不能换寝室的情景下，你可以做些什么，去减轻你的烦恼呢？你朋友们的建议是：你去和室友沟通。可你觉得没法和这种人沟通。

树洞君认为，**在一个正常文明的社会，在大多数情况下，沟通是有效的。然而，沟通有效的前提，是对自己和对方都有所了解。**所以，请允许树洞君和你一起，从你提供的信息，从心理学的视角看看，室友是一个怎样的人。

你说室友的模式是：我全对，都是别人不对。我们都知道，人无完人，**如果一个人认为自己只有对的没有错的，我们可以说，她的内心仿佛容忍不了自己的缺点，所以把完美留给自己，把差劲投射出去，这样她身边的人，就经常变成无故躺枪的那个人。**树洞君不知道你的室友在其他关系上是不是也是这样的？在你的观察中，她平时是个怎样的女生，有长期的好朋友吗？能够体会到别人的感受和想法吗？是只有你对她有意见，还是她大部分人际关系都很差？

在心理学家庭治疗的一个流派中（萨提亚模式），人和人的沟通模式分为四类，这种模式是0—5岁时在家庭中习得的，然后扩展到身边普遍的关系。一类是指责型，一类是讨好型，一类是超理智型，一类是打岔型。从字面上，你就可以猜到持有这几种沟通模式的人的主要表现，听上去，你室友是个偏好指责型的人。

指责型的人内心虚弱，需要从对外界的控制中获得自身的价值感。和这种人相处时，得学会听话听音，不是仅仅去听她表面说什么，从而尽量不被她挑起情绪。**她指责的时候，其实在表达自己的渴望，只是选择了一种令人难受的表达方式。**比如说，在你说的情况中，当她指责你“为人太理性，对她不热情，不经常和她聊天，生活太规律对她造成压力”，树洞君看到，她似乎希望你，是一个“为人较感性，对她热情些，经常和她聊聊天，生活不要太规律，免得她对比自己的自律能力之后，感到压力”的人。

你看到吗，这么翻译了一下，**在指责背后，她其实挺看重你，想跟你有更多的交流，走得更近些，有更温暖一些的关系，同时她好像也有些嫉妒你的生活太规律，在你面前感到有些自卑，**你能做到好多她想做而做不到的事情。

听到这个翻译以后，你内心会不会好受一点？指责型的人往往在一双或几双挑剔的眼光下长成，她最需要的是，确定自己不那么锋芒毕露也可以被看到和被尊重，同时也学习到他人有他人的界限。做她身边的人是不容易的，需要“温和而坚定”地回应她，同时保护好自己的感受。

树洞君有一个相信，你2018年的“顺风顺水，现在小有成就”，不可能仅仅是运气好，一定是你自身有很多闪光点和能力。**现在，命运大神给你这个考验，好似在为你更厉害的未来做预备。**树洞君期待看到你的思考和答案。如果从操作角度，树洞君会建议你采取一致性沟通的方式。所谓一致性沟通，是指在沟通时充分考虑自己的需要、他人的感受、情境的限制后，采取的沟通方式。你或许可以跟她约一个两人独处的时候，坦诚地告诉她你对室友的期待，比如不要背后说你坏话，比如不要试图改变你的性格。即使她是觉得自己都对的人，你也可以表达自己的看法啊。你可以温和而坚定地说出你的需要，同时也允许她有自己的想法。如果想要关系更通畅一些，你可以试图去寻找她的抱怨后有什么需要和期待，再评估自己能不能满足她的期待。至于能不能、愿不愿满足，都是你的选择。通过这样不抱怨不指责，而是聚焦倾听的谈话，树洞君相信你们的关系一定会有所缓和。

树洞主人：袁敏

3.7 没有边界感的室友

树洞来信

我有一位室友，他借别人东西总是理所当然。如果所借东西的主人没在寝室，他就会自己翻找，然后拿去用，虽然之后会归还，但不会和主人提起。我感觉这样的行为很不好，无论借什么，都应该和主人确认之后才能用，而且不能随便翻别人的东西吧？不然感觉隐私都没有了，但是不知道怎么劝他。还有，他在寝室总是喜欢外放声音，无论是听音乐还是看剧。我委婉建议他戴耳机之后，他还是屡次这样，感觉都不太好意思再提醒他了。外放声音真的很影响学习啊！该怎么和他说呢？好苦恼。

兔子闹钟

树洞回信

兔子闹钟，你好！

室友会理所当然地借用别人的东西，自己翻找，不和主人提起，还会在寝室外放声音，经提醒后仍然没有改变，他的这些行为好像旁若无人，你觉得这样不合适，又因为被打扰到而不舒服，却不知道怎么应对才能让他改变，有些为难，为此苦恼。

根据树洞君的咨询经验，你遇到的情况在生活中其实挺多见的。从社会心理学角度看，这涉及心理边界的概念。在人际交往中，每个人都会有自己的心理边界，影响着人与人互动的方式。

边界因人而异，因事而异。举个例子：见到室友 A 的桌上放着一本书，有的人不征得主人的同意，不会去碰，有的人会拿起来翻看，有的人可能随手带走，周末读完了再还回主人桌上。把“室友 A”替换成“老师 B”“朋友 C”，把“书”替换成“大衣”“烤串”“100 块钱”，每个人的做法可能又会有不同的选择。

边界本身没有绝对的好坏之分，更多取决于当事者的感受。“我和 A 关系好，不分彼此，我们可以合穿一条裤子；B 么，请我吃大餐我也不乐意去。”而在生活中，当不同人的不同边界相遇时，冲突和矛盾往往就产生了，可能是“我不就吃了他两个桃子吗？他犯得着生气吗？”，也可能是“我邀请她试我最喜欢的口红她都不情愿，是真心把我当闺蜜吗？”。**现实的人际交往常常没有统一标准的是非对错，更重要的是个人内心的体验和解读。**

所以，在树洞君看来，你因为室友的举动而产生的一系列感受是比现实情况更加重要的：不舒服、小烦躁、生气、苦恼、为难。那是你的边界被别人侵入时产生的真实感受，是正常而自然的心理反应，是感受在向你发出提醒“嘿，感觉到了吗，你和他的这段交往互动，让你的感受觉得不舒坦了，所以，我们感受在向你提要求。请想想办法，做些什么，让自己的感受舒服些吧。”

讲到这里，树洞君建议，不妨把现实中“室友缺少边界感”这件事，看作提升自己处理人际冲突的一个训练项目，暂且命名为**“边界侵入后的感受应对”**吧！在人际互动过程中觉得边界被侵入，感到不舒服的时候，请体验自己的感受，倾听感受的提醒，并通过行动让自己的感觉找到新的平衡状态。

项目的目标，是通过觉察和行动，调整自己与感受相处的方式，进而改善现实中的人际关系。人的内在关系和外在关系常常是一体的，我们与自己的感受相处的方式，往往就是我们在现实中与别人相处、互动的方式。所以，如果我们能够清晰地听到感受传递过来的信息，明确感受提出的需求，采用与环境相匹配的行动，照顾到自身感受，我们内在与感受的关系会逐渐理顺，外在的现实人际关系也将慢慢发生期待的变化。

项目的操作步骤，实际上也是自我探索和觉察的过程，当下苦恼的你，不妨从回答以下三方面问题入手，自我探索一番，了解一下自己的感觉、意义以及可能的行动。

自我探索之一：当下的自己，因为室友的哪些行为，内心产生了什么样的感受？这些感受的强烈程度如何？

自我探索之二：这些感受在对自己说什么？它们在怎样提醒“你的感受不舒服了”？

自我探索之三：要如何选择“做点什么”，用行动让感受“舒服些”呢？

项目的行动方案，是如何应对感受的提醒。从来信中，树洞君看到，你在生活中做过尝试，可似乎收效不大，继而有些不知所措。那我们不妨一起来列举一番，可以有哪些应对感受的方式呢？

回避感受，比如，一切都好好的，哪有不舒服嘛，我不理，不理……

压抑感受，比如，我忍住……我再忍……

劝说感受，比如，这样是有点不舒服，不过也不值得大发雷霆，要不再等等看吧……

安慰感受，比如，给不爽的感觉找点舒服的事，看一段有趣的综艺节目怎么样……

释放感受，比如，太气人了，找朋友吐槽一番吧……

保护感受，比如，直接告诉当事人，Ta 的行为对你的影响、造成的感受以及你的要求……

以上列举出的应对感受的方式，本身没有绝对的好坏之分。只要不直接伤害自己或别人，选择可以有很多很多，我们可以根据不同情境做出不同的选择，使自己和不舒服的感觉走出相互不满意的关系，重新找到舒适平衡的相处方式。

当你完成了“边界侵入后的感受应对”训练项目，按照期待的关系，逐步探索到自己与感受相处的适宜方式，那么之前的感受：不舒服、小烦躁、生气、苦恼、为难，将不再那么困扰你。你也会从应对感受的过程中，发现和室友相处的新方式，得到舒服的内在和外在关系。当你找到自己独有的、舒服的关系相处模式时，请与树洞君分享吧。

祝你从自我探索和现实行动中有所收获。

树洞主人：钱钧

4.

恋爱烦恼

4.1 喜欢与欣赏的区别

树洞来信

大一刚开学时认识的人不多，就和一个男生聊起来。他总是来问我作业（很郁闷他为什么不去问他的小伙伴，反倒来问我?）。记得那时候对他还不熟，完全不在意。现在后知后觉地想起来我们在那个时候有一些互动。那时候他上课发现我还没来，会给我发消息“还没到啊……”，那时候他是我可以请教高数的大佬……再后来，发现他真的很大佬，就对他越发佩服；再后来，总想给他发消息（他也老“麻烦”我，其实我倒乐意）。可是时间久了，老觉得他很奇怪，在班上时，表现得好像跟我很不熟。一开始我以为他是低调，不想别人知道他教我题。再后来，我就愈发不懂，难道他是在掩饰吗？有可能是我自己心虚，在他面前居然会紧张。我是喜欢他还是只是觉得他优秀呢？我只知道我已经有学好高数拿优的决心，只想跟上他的步伐……（所以请教一下什么才是真的喜欢）。

短脖子长颈鹿

树洞回信

短脖子长颈鹿，你好！

你的留言很有画面感，寥寥数语就勾勒出你与这位男生交往过程中情绪情感微妙变化的画面：对这个男生，你从开始的不熟悉时的完全不在意，到慢慢交往中对他有佩服、奇怪、乐意等复杂心情，而最近你对他竟然会有心虚、紧张的心情。对自己心情变化有觉察之后，你迷惑了，不确定这种变化的意义是什么。当然，首先，你其实可以肯定：你欣赏这个男生，也喜欢这个男生。只是，你不确定自己的喜欢是纯粹欣赏性的喜欢，还是有特殊意义的喜欢——用你的话说，就是真的喜欢，树洞君猜，你所说的真的喜欢是指含有爱的成分的喜欢吧。

为了帮助你更好地分辨自己的情感，下面从心理学的角度来看看欣赏、喜欢与爱的区别吧。

欣赏、喜欢和爱，可以说是程度不同的感情。

欣赏是指领略观赏，认为好的，是一种带评价性的情绪。

喜欢，心理学家认为是一种中等强度的人际吸引，但是没有达到爱的深度。喜欢往往具有以下四个特征：

第一，有好感倾向。这是一种对人的初级印象，也是比较浅层面的印象，是人和人之间所有情感的开始阶段，随着更深入的了解，好感可能会变成喜欢和爱，也可能会消失。

第二，吸引倾向。即有了好感之后，我们可能更会去了解一下对方，很可能你会发现对方身上有自己欣赏的特点。

第三，表达倾向。我们会主动搜索与对方有关的信息，并且想要主动表达我们对对方的好感与欣赏。

第四，就是易消失性。我们每天都可以遇到很多人，而其中总会有吸引我们的人，我们的喜好可能会不知不觉地发生变化。

就如何区分喜欢和爱，美国社会心理学家鲁宾（Zick Rubin）是第一个通过客观的心理量表来测量爱的研究者。他将浪漫关系描述为“爱”和“喜欢”，而柏拉图式的友情被认为只是“喜欢”。他编了套量表来对爱情和喜欢进行了系统研究，发现“喜欢不是淡淡的爱，爱情不是深深的喜欢”，爱情和喜欢是两种不同情感。**他认为爱包括以下三个特征：接纳、依赖；提供帮助；排他、吸收。喜欢也包括三个成分：赞许的评价；尊敬；相似的感觉。**

留言同学，看了上述有关喜欢与爱的理论研究，做做测试量表，也许你就可以分辨自己的情感了。

要是你觉得做量表太麻烦，下面有几个简单的问题，你试着回答一下，也许对你明白自己的心意会有些帮助。

1. 想象一下，要是这个男生有女朋友的话，或是他其实只是把你当作好朋友看待，你会有什么样的心情和想法？

2. 在公众场合，你想不想让其他人知道你们关系是特别的？

3. 在公众场合，要是那个男生表现出你们关系是特别的，你会有什么样的心情和想法？

4. 你还可以观察自己，日常生活中，除了你需要他帮忙答疑时，或他麻烦你时，这两种情况外，你想他的频率有多少？你还会在哪些时候想他？想他的时候，你的心情是怎么样的？

要是你第一个问题的答案是：你很难过很痛苦，且会有心绞痛的身体反应的话，其他问题不用去看了，你就可以确定当下的自己是真的真的喜欢他的。

树洞主人：廖一明

参考文献：

陈昌凯."心理学与社会生活"第 92 讲：多情：喜欢和爱有区别吗？南京：南京大学慕课，2015.

中国就业培训技术指导中心，中国心理卫生协会.2017 年国家职业资格培训教程：心理咨询师（基础知识）.北京：中国劳动社会保障出版社，2017.

4.2 我是不是"恋爱"了？

树洞来信

看见她时会很开心，会想上前去找她聊聊，会想到约她出去玩，有时也会用并不灵巧的手准备些不成样子的小礼物。从我的视角考虑，有时或许能产生些许的"共鸣"或是"共情"。可能只是一厢情愿地认为我能从她身上看到些许自己的影子吧。即使是十年前的自己，可这样难道不是一种自恋的状态吗？

我究竟喜欢的是谁？还是说我想拼命否认自己的感情？另外，半年之后我可能就再也看不见她了，她那时要出国了……再补充些吧，我一年前得过一段时间的抑郁症，试着接触她之后会有被"治愈"的感觉——自我感觉心理恢复。另一方面现在确实有种想要努力追回曾经的"自己"的感觉。大概是种"百废待兴"的感觉吧。

被治愈的灰熊

树洞回信

被治愈的灰熊，你好！

你的文字描述了你对她的美好感觉：见到她很开心，想找她聊天，想约她出去玩，还会亲手为她准备小礼物……树洞君似乎能感受到你对她情窦初开又略带羞涩的欣喜悦动；与此同时，你好像又显现出某些疑惑和不确定：从她身上看到些许自己的影子，是自恋吗，究竟喜欢的是谁，是不是在否认自己的感情？你还特别提到，曾经得过抑郁症的你在试着接触她之后有了被“治愈”的感觉。似乎你矛盾于自己对于她的情感究竟是爱恋，还是某种难以说清的需要。然而，她半年后就要出国了，可能再也见不到她了，何去何从之际，你也许想看得更明白些。

你想知道自己是不是真的爱上她了，但可能这是个只有你自己才能准确回答的问题，因为**爱恋之情是一种强烈的主观体验和感受，理性客观标准不能给出完美的衡量**，因此有人说爱情是“蛮不讲理”的。如果硬要有些参考的话，一般而言当爱上一个人时，与 Ta 在一起时会有一种十分舒适、幸福的亲密感觉，老觉得待在一起的时间不够长，感觉时间过得很快；非常欣赏 Ta，无论是外在的容貌还是内在的能力和才华，甚至觉得 Ta 是“完美无缺”的，正所谓“情人眼里出西施”；不在一起时，会非常想念 Ta，常常会有“一日不见如隔三秋”的感觉，会找各种可能的机会或借口与 Ta 见面；很想为 Ta 做事，帮助 Ta，愿意为 Ta 的快乐和幸福做出自己的奉献和牺牲，等等。当然，所述这些的表现形式和强度会因为个体的不同以及感情发展阶段的不同而有各式各样的差异，不能一概而论。

关于爱情和一般化喜好之间的差异，在 4.1 章中提到美国社会心理学家鲁宾(Zick Rubin)经过研究后认为主要体现在以下三点：

1. 依恋：卷入爱情的双方在感到孤独时，会高度特异性地去寻找对方来陪伴和宽慰，而一般化喜欢的对象不会有同样的作用。

2. 利他：恋爱中的人之间会高度关怀对方的情感状态，觉得让对方快乐和幸福是自己义不容辞的责任。在对方有不足时，也会表现高度的宽容。甚至自我中心、自私自利的人在恋爱中也会表现出某种理解、宽容、关怀和无私。

3. 亲密：恋爱的双方不仅对对方有高度的情感依赖，而且会有身体接触和性的需求。

不知看了以上这些内容后，你会如何感知你对她的情感呢？此外，你似乎也担心自己喜欢的是“自己”，因为“从她身上看到些许自己的影子”。树洞君想说的是，从我们喜欢的或者爱恋的人身上看到自己的影子也许并不少见。有道是“因为相似而吸引”，两个毫不相同或毫无交集的人很难想象他们会相互有好感。而与此相对应，也许正是因为有了共同的爱好、相似的理念和态度、类似的行为习惯，甚至一些说不清道不明但就是存在着的默契让我们彼此靠近和吸引。

“十年前的自己”也许在你心目中是一个很美好的存在，带着某些这样特质的她会吸引到你，甚至与这样的她接触会帮助“治愈”你曾经的抑郁症，似乎这份美好的存在更是一份希望和力量！这样的美好、希望和力量不仅存在于过往，也显现在她身上，也许也预示着明天的你。“百废待兴”象征着未来和希望，当然也存在不确定性，何时开工，怎样开工是你可以做出的自主选择。如果你想更多地聊一聊，我们愿意在心理咨询室与你相遇。

树洞主人：方圆

4.3 遇到有好感的女孩子要如何追求？

树洞来信

老师您好，最近遇到了一个姑娘，对她很有好感。问她要到了微信，但是几次约她出去玩都被拒绝了，感觉她对我很冷淡，请问应该如何追求她呢？

恋爱小白

树洞回信

恋爱小白，你好！

从简短的留言中，一个“有勇气，主动性强，能感受到女孩情绪，又不轻易放弃”的你跃然纸上，可以讲，你已经跑赢不少选手了！

但是坦率地说，树洞君感觉你好像有些着急，当然遇到喜欢的人着急也是很正常的，会控制不住地想她、想见到她。不过，学会把握节奏也许可以更顺利哦。你看，从你的描述中树洞君推测你们先前并不认识，你有了女孩子的微信后想着约她出去玩，不过中间省略了不少相互了解和拉近距离的铺垫。你可能会想“不对啊，我约她出去就是想要进一步了解对方”。但是互相了解有很多方式，关系远近和需要付出的时间精力不同，对方愿意回应的可能性也是不一样的。举个不恰当的例子，比如你的室友让你顺便帮忙拿一下快递，和让你专门为他去拿一下快递，相比第二个，前面的要求你可能更愿意满足他。而如果换成你很好的朋友，因为关系深度的不同，说不定你就愿意专门跑一趟。同样的道理，在关系的初期，你尝试在微信上和她聊天或者寻找机会参加同一个活动，和让她同意和你出去玩比起来，前者更容易被接受。如果计划约会的时机不成熟，约会地方让对方感到有压力或者不感兴趣，这些都会增加失败的可能性。所以，你需要等你们俩慢慢地有些熟悉了，或者你感觉到她对你也更感兴趣了，甚至关系变得暧昧起来，那约出去玩就顺理成章许多。也就是说，互相了解的方式应该是渐进式的，像爬楼梯一样，一步一步往上，试图一跃而上多半会被绊倒。

对于要学习如何一步一步地追求自己喜欢的女孩，其实并没有一个绝对的“公式”，或者说“流程”，因为每个女孩都是不一样的。但是总的来说，**你需要花些时间了解她，然后增进互相吸引，最后才能进一步深入关系。**展开来具体讲讲：

第一部分：介绍自己，了解对方

1. 介绍你自己，留下好印象

你需要让你产生好感的女孩注意到你的存在，特别是在你们之前完全不认识的情况下，要尽可能给对方留下一个不错的第一印象。比如，告诉她你的名字和一些基本的信息，尝试问她一个问题或者开一个情景化的玩笑等。又比如，你们在一起上课，找借口跟她讨论课程，问问她关于课后作业的问题，或者简单地分享上课中老师一个好笑的表现等。不要担心自己有没有说正确的话，你越自然地表现自己，也越容易呈现好的印象。

2. 表达兴趣，建立真实的联结

如果你可以和她经常聊聊天，那就比较容易有戏。你要表达你对她的兴趣，尝试问些关于她的问题，比如：“你喜欢周末做什么？”“你是哪里人？”“高考结束后怎么选择来这所大学？”“喜欢现在的专业吗？”等等。另外，你也可以问问她的一天是怎么度过的。认真去倾听她告诉你的关于她自己的事情，对她所说的话真正感兴趣，而不是为了要这样做才做，要让她感觉自己是被关注的。但不要一下子问太多，要注意聊天的氛围，观察下她是否愿意更多地跟你分享自己；也不要让对方一直在说，你也可以交叉说一些和她对应的自己的经历等。如果她愿意对你敞开心扉，就会慢慢信任你，并感觉到一种亲密。

第二部分：结合非语言形式，增进互相吸引

1. 眼神交流

有机会的话可以偷偷看着她，抓住她的眼睛，不要觉得害羞。这是表达自己对一个人感兴趣最经典的方法。研究发现，在吸引异性的时候，通过微笑和眼神对视来传递好感是很有效的。更多的目光接触，容易让异性发现你的吸引力。微笑则可以表达愉快的心情，以及享受和她在一起的轻松。

2. 找机会夸她

表达简单又甜蜜的夸奖，比如，“照片拍得好漂亮”“你笑起来很可爱”“刚刚你的回答真有趣”“好厉害啊”“跟你聊天好开心”等等。要确保让她感受到你对她的欣赏和喜欢。

第三部分：表达追求，深入关系

所有前面的了解、增进吸引都是在为一个关键时刻做准备，也就是“让关系往前一步”的时刻。它的表达形式可能会因人而异，比如，你可能想要和她出去约会；或者让她做你的课程伙伴；可能你想要直接告诉她你喜欢她。无论怎样，“追求”代表你需要成为那个“主动推进”的人。当你认真地考虑想要让她成为自己的女朋友，你可以精心准备一次晚餐时间或者简单地到操场散步。这里的想法是，让彼此享受一对一的独处时光，使得你们的互动模式从“有好感的朋友”变成“因为吸引而约会”。也许你会发现，发出约会的邀请这个行为的本身就是有意义的，它会改变你们的关系动力，使得原本更像是朋友，变得有些像是恋人。用心注意觉察关系的变化和双方的感受是非常重要的。

当然，你也需要知道一些明显的需要放弃追求的迹象。比如，她故意地避开你；不回复你的消息；对你表现出烦躁或者生气；无视你明显的追求；或者明确告诉你不要继续找她；告诉你她有喜欢的人了，等等。

无论怎样，祝你成功哦。但如果你在过程中失败了，树洞君也想跟你分享最近

看的一部英剧中的一段话:“喜欢有时候是种偶然的运气,有时候你喜欢的人也喜欢你,而有时候你没那么走运。但是一个人喜欢谁不是我们自己能决定的,我们无法刻意让自己喜欢上谁,也无法强迫别人喜欢自己。”所以,无论结果怎样,放手去追求过就对了,即便没有成功,也是一次重要的体验和练习,从中你会看到更多自己的性格特点和亲密关系中还需要学习的地方,下次再遇到喜欢的人,就可以多一些自信和从容了。总有一天,你会遇到你喜欢的人也喜欢你,毕竟地球上有70多亿人呢。

树洞主人:章秀明

4.4 情感怪圈：追到手就不喜欢了

树洞来信

近几个学期以来，我都陷入这样一个怪圈中，喜欢我的我不喜欢，我喜欢的不喜欢我。而且自己心中还有一种非常奇怪的感觉，喜欢的人越是不喜欢自己，越是爱得无可自拔，感觉越是得不到的越想得到。而如果喜欢的人有一点喜欢自己的趋势，或者假如自己喜欢的人也喜欢自己了，心里就没有那么喜欢和迷恋了。这是不是一种心理疾病？如果保持这样的心态是不是要一直单身了呢？

走不出的麦田怪圈

树洞回信

走不出的麦田怪圈，你好！

看到你的描述，你对自己的情感世界有这样的觉察是个很好的开始。然而，“喜欢你的人你不喜欢，你喜欢的人又不喜欢你”，听起来有点不尽如人意。但这其实就是感情世界里的常态吧，是我们无法强求的，不然“彼此喜欢”就不会那么难得了。所以，我们可以试着先看一看你描述的第二种奇怪的感觉，这并不能用一个具体的心理疾病来简单命名，在树洞君看来，试着去理解这种内在心理的复杂性可能更有帮助。

“越是得不到的越想要”，拥有这种感觉的人其实不在少数，这是复杂人性的表现之一。我们常常会爱慕和迷恋那些看起来“无法获得”的人，因为我们的情绪性大脑容易将这样的人识别为“更好的”。换句话说，它会认为需要付出更多的努力才能追到手的人是更有价值的，而太容易的则相反。因此，**某种内在动力会像魔法一样激起内心对“越是得不到”的人更多的欣赏和迷恋。**

然而，“假如自己喜欢的人也喜欢自己，心里就没那么喜欢和迷恋了”，这种心理似乎有些让人难以理解，让树洞君想到几种可能的解释，供你参考。

1. 也许你更喜欢想象中的 Ta

先说一个心理学中经常用到的名词——“投射”，说的是我们倾向于把自己内心的想法投放到另一个人身上，以此去想象和理解他人。在现实生活中，当我们从远处欣赏、爱慕一个人的时候，这种投射发生得更为强烈。

“当喜欢的人不喜欢自己的时候”，关系是单向的。这时候人有更大的想象空间，可以把很多美好的设想统统投射到这个拒绝自己的人身上，比如，她是真女神，高冷又善良，比新垣结衣还可爱和让人心动呢，等等。这种幻想和投射让她变得尤其迷人，反过来这种“求而不得”却让你感觉“无法自拔”。此时，倘若对方开始喜欢你，关系就变成双向的了。心中对女神的幻想和投射接受检验的时候到了。她真实的样子包括一些你没有想到的缺点，这些都可能会一下破坏你内心迷恋的形象，“好感度”就像坐滑梯一样陡然下降了。

2. 也许你更喜欢追逐

第二种可能，也许你非常迷恋“追逐”的过程，享受一种不被回应、不被喜欢的痛苦，这种痛苦跟真实关系中为对方做出一些牺牲的感觉是不同的。你可能希望通过“追逐”的过程来证明自己是有魅力的。此时，当她越是不喜欢你，你就越不甘心，越是激起你内心的渴望。反而，当你喜欢的人有一点喜欢你的时候，这场追逐战似乎快要拉响结束的信号，就好比一场挑战赛在眼看自己要赢的时候突然变得松懈而失去了继续战斗的激情一样，你的心里对她好像没有那么喜欢了。因此，当你自己是否有魅力这件事不再需要被证明的时候，这段关系本身变得没什么意思了。

3. 也许你对亲密有种恐惧

或者，你可能潜意识中并不想进入一段真实的亲密关系，你也许会恐惧这种无比的亲密，在即将有苗头的时候就迅速启动一种“心里就没有那么喜欢了”的机制，来保护自己免于进入亲密关系。迷恋不喜欢自己的人，而当喜欢的人喜欢自己的时候又失去兴趣，这样的循环让自己游走在一种“边缘恋爱”的过程中，既感觉在恋爱中，又从不进入恋爱；既享受恋爱的错觉，又保护自己远离对亲密的恐惧。

4. 也许你认为自己不值得被爱

有些人，他们内心深处对自己藏有一种怀疑和否定，觉得自己是缺乏魅力的，或者认为自己不值得被爱。这种信念在生活中常常是无法意识到的。有的人呈现出来的是对亲密关系的退缩，因为害怕失败，他们不敢对喜欢的人表达感情，或者担心自己成为对方的累赘。但是有些人的反应是相反的，他们感到十分焦虑，这种不自信还夹着一种不甘心，激发他们去不断追逐喜欢的人。但在喜欢的人开始喜欢自己的时候，内在的潜意识将之加工成“这人到底搞什么鬼，怎么会喜欢我，会看得上我的人肯定不怎么样吧”。对他们来说，更舒适、熟悉的模式是被喜欢的人拒绝，而不是被喜欢的人喜欢。

以上这些可能不完全符合你的心理状态，不过重要的是，你的这种感受是非常值得慢慢探索的，你可以试着记录自己内心的感受，或者对于上述四种不同的解释给自己打个分，当然你还可以来寻求一对一的心理咨询服务，希望你可以早日走出情感的怪圈，进入真正的亲密关系。

树洞主人：章秀明

参考文献：

Brogaard, B. Why We Obsess Over People Who Don't Want Us. Psychology Today, 2016. https://www.psychologytoday.com/blog/the-mysteries-love/201610/why-we-obsess-over-people-who-dont-want-us

4.5 直接拒绝太残忍了

树洞来信

我的高中同学喜欢我，对我表白，我知道我们的价值观和信仰都不同，不可能走到一起。但我如果直接拒绝他，感觉太残忍，毕竟他喜欢了我三年，一直没有变过，我该怎么办？

只想当朋友的朋友

树洞回信

只想当朋友的朋友，你好！

你叙述的情况让树洞君仿佛看到了一群人，他们对于爱情很憧憬，身边有关心爱护他们的朋友。因为善良，不愿爱护关心他的朋友受到内心的伤害；因为善良，就自己忍受内心的煎熬。

树洞君能够感受到你内心的纠结矛盾，左右为难的境地：告诉对方吧，怕他受到伤害。但听之任之这样拖延，又觉得是对对方不负责，也是对自己的不负责，浪费彼此的时间和精力，这样的状态也不是你想看到的。

其实，人与人之间的关系，维系友情和爱情的基础是坦诚信任。

如果你们之间一直以现在的状态发展下去，你认为你能接受吗？树洞君想，答案应该是否定的。

树洞君从你的留言中感受到的是你对于“拒绝”似乎很害怕，思考一下，**为何会“害怕”“拒绝”对方，是什么原因？**如果拒绝了对方会出现什么样的结局？哪些是你不想看到的，对方的伤心你会不忍心吗？也许你再也看不到他对你和之前一样的“浓情厚意”？你害怕的究竟是什么，是什么阻碍了你不能面对他说出真实的内心想法，是什么能让你在这段模棱两可的关系里面一直待三年呢？你可以慢慢去思考。

其实有相当一部分人在拒绝一个自己不喜欢的人的时候会有负罪感。因为这个时候人的思想还在权衡利弊，形成一种潜意识。潜意识认为应该与人好好相处，避免攻击行为，这样有助于维护与他人之间的关系。可是当这个人提出要关系更近一步或至少明确关系，而被动的这一方又不喜欢的时候，理性和潜意识会发生冲突。**潜意识想要维护与这个人的关系，不想搞僵，以保证自己处在一个和谐的环境中，但是理性却告诉自己应该拒绝这个人，两者之间发生冲突之后，人就会变得矛盾和痛苦，甚至在潜意识和理性之间进行抉择，有时候甚至会做出让人后悔的决定。**

你对对方是友情，而对方对你是爱情，那么你们两个并不在同一个频道上，也就是不同频。拒绝难免是一种伤害，但不能因此而犹豫不决。既然他爱上了你，应该对你的言行都非常敏感。如果你拒爱的态度不够坚决，很容易让对方误会，尤其是对方处在深爱你的状况，你所采用的出于礼貌或者是顾全对方颜面的表现，会让对方觉得你也是爱他(她)的，至少是让他(她)觉得还有希望。这样最后往往会带来比拒爱更大的伤害，一种你既享受被人追的感觉又不答应别人的样子，留下一个玩弄别人感情的误会。

还是那句话：喜欢就要大声去表白，不爱也要大胆说出来，别将就了自己，伤害了别人。

有的时候，拒绝也需要勇气和能力，真实面对自己的内心，说出自己内心想说的话，这是对自己负责，也是对对方负责。当然，拒绝的方式可以委婉一些，你说呢？

也许我们在生活中要学会协调潜意识和理性的天平，站在感性的角度理解他人，站在理性的角度做出选择，这样才能在生活中让自己的心态波澜不惊，微笑从容面对一切。

如果在树洞里还是很纠结，那么可以找个咨询师再聊一聊哦。

树洞主人：朱永红

4.6 如何帮助女友解决异地恋的孤独感？

树洞来信

女朋友和我是异地恋。她现在在新学校里感觉特别孤单，因为我不在她身边。她感觉自己在那边也没有什么朋友，自己挺可怜的，自己把自己孤立了。她常常和我诉苦，但我真的不知道该怎么帮助她。

挂念女友的贴心好恋人

树洞回信

挂念女友的贴心好恋人，你好！

看到你因为女朋友的心理苦恼而来树洞提问，虽然问题描述得很简洁，读起来第一感觉还蛮温暖的：你是一个很在乎女朋友、很在乎感情的贴心男友。

我们先来说说异地恋，这常常是个不小的难题，著名的“恋爱三角理论”说圆满的恋爱需要具备三个成分：激情、亲密和承诺。激情常常来自关系的生理维度，荷尔蒙之类的原始吸引，“一见钟情”主要靠这个；亲密常常来自关系的心理维度，两个人在一起的时候有没有开心、快乐或安心的感觉，有敞开心扉、无话不谈的感觉，“知心好友”指的就是这种感觉；承诺指的是关系的社会维度，彼此具备可信赖的权利、义务和责任，“你若不离不弃，我必生死相依”说的就是这种至诚信任。三个成分只有“承诺”可以跨越时空，所以异地恋在“激情”和“亲密”上都容易减分。因此，我们常常听到异地恋的伴侣在抱怨和担心，长期不在身边陪伴会不会多生枝节。但有趣的是，研究证明异地恋也有很多特别的好处，比如距离产生美，思念会让我们美化见面不易的“另一半”，更有利于训练彼此的独立能力等。但更常见的情况是，关系中本来就存在问题，只是这些问题在距离里被放大了，变成了终结关系的致命一击。

回到你的问题，你敏锐地感觉到异地恋的新状况，很贴心地重视女朋友的诉苦，问出了重要的问题：我该怎么帮助女友？不过这句话不够完整，帮助女友的目标是什么？比如帮助她克服孤单难受的感觉？帮助她适应新的学校？帮助她打开封闭的自我？帮助她不要那么依赖你？帮助她走出消极抱怨，转换积极心态？帮助她在困难时刻相信爱情？太多种可能性，她真正的需要到底是什么？你最大的担心是什么？你最擅长的帮助是做什么？这么多可能性需要核实，然后排序。

你没有介绍你们的恋爱时长和目前处于哪个时期等方面的详细信息，树洞君就假设你们已经度过最初的非异地恋爱期（听上去她挺习惯你的陪伴了），异地前有一定的感情基础，因为求学的原因女友去了一个生疏的地方（新学校里很孤单），这样一个从亲密人际到孤单一人，从熟悉舒适到陌生不适的变化本身就需要一个适应过程。无论是独立的还是依赖的，特别突出的还是比较普通的女生，都会需要一段时间来学习或增强应对的本领——学习调控孤单的情绪。

调控情绪有几个步骤：觉察—接纳（允许）—理解—表达。女友的觉察力不错，知道自己在新环境中感觉“特别孤单”“觉得自己可怜”“想要自我孤立”，你可以陪她继续往前走。觉察之后接纳这些让人不舒服、不享受的情绪，允许自己的情绪有高峰也有低谷，可以有多开心就可以有多低落，情绪的感受力在正向和负向上是同等强度的。允许这些貌似不光彩的“负面情绪”自由来去，这样就可以有心神去好好理解情绪背后的信息，起起落落的情绪都是内心需求的鸡毛信。**孤单，alone，本身并不一定会让人难以忍受，真正难受的是孤单引发的孤独感，背后常常需要有人来主动关心、照顾、陪伴自己，需要有人来了解、在乎、需要重视或喜欢自己，需要克服变成常态、无法改变甚至越来越糟的恐惧。**孤独感有时候会在所难免，蒋勋在《孤独六讲》中证明孤独是发展独特自我的良机：西语孤独（solitude）的词根是“太阳”，意为独一无二。但孤独的感受真的容易像小漩涡一样把人吸进去：你好可怜，你受不了的，快把这种状态消灭掉，你这个样子都是因为你这人不够好（坚强、独立、自信等等）……这样越陷越深，真的可以让人因为悲伤无奈、无能为力变得自闭起来。一旦理解清楚这些需求信息，就可以改换一种表达：安全感的一个成分是人际安全，我在新环境中还没建立起友善的人际支持，所以有些不安全。孤单的感觉有时是单纯思念你，有时是“我需要努力营造友善熟稔的人际新环境”的提醒。异地恋的孤独我要好好体会，忍不了的时候就需要和你唠叨唠叨，发泄发泄。

迄今为止，可能上文树洞君所有的话都没有任何用处。因为女友能做什么不是最重要的，你写信求助，所以你可以做些什么改变最重要——给女友一些示范或带动？你担心女友的心情如何调节？觉察看看，有心疼、焦虑或内疚吗？是不是自己也有些许孤单？允许它们的自由来去。然后去理解，再然后去表达，如果自己的心情以不舍和思念为主，不妨告诉她：“我也不习惯你离我这么远，我就知道我们离开彼此都活不成（嫌肉麻的话可以改成‘活不好’）！I can’t live without you!”情绪可以表达，可以得到共鸣，也会随着时间流逝，随着主动努力而逐步得到自然缓解。如果是担心关系的变质，就在激情（比如多写情书）、亲密（比如陪着说说心里话）和承诺（比如认真规划未来）上多做点力所能及的事情。如果是担心女友性格柔弱，记得多多鼓励女友，她当年可以和你建立那么亲密的关系，一定有些成功经验可以用到眼下的新环境当中。多了解她的生活点滴，抓住每个细节认可她，比如“我真心觉得你可以，别人没理由会不喜欢你啊”。如果你也是到了一个新环境，不妨说说你的新经验和失败教训，或者介绍下别人的给她听听。重要的是相信这种孤单可以克服，相信距离可以弥补，耐心陪伴、倾听，做好爱情的“三角”建设。

最后的最后，送一句“鸡汤文”来鼓励你：**距离之于爱情，就像风之于火，它吹熄那些微弱的，助长那些强烈的。**祝福。

树洞主人：姚玉红

4.7 男友工作能力不强，是否值得托付终身？

树洞来信

我是名牌大学的博士，男友是不知名学校的本科。我们初中一个班，高中一个学校，后来我去外地上大学，他在家乡上大学。我们是在我博士（直博）一年级的时候在一起的。没有谁表白谁，顺其自然就在一起了。今年我博五，他工作了三年。我们在一起五年多，前三年我去北京联合培养，他来北京工作了三年。后来我回到上海准备毕业，他又来到上海工作。博士五年，他陪着我五年，我最艰难痛苦的博士生涯中，他开导我，鼓励我。今年我即将毕业，毕业后我们计划结婚。但是我现在有些困惑，有点痛苦。困惑和痛苦来源于他工作能力，他本科学习会计，工作一年后，转行做IT，跨度有点大，我也看得出来他能力一般，目前在上海做运维工程师相关工作，工资一般。其实我也并不是嫌弃他工资低，养不起我，因为我自己可以养我自己。但是我有的时候会没有安全感。当我正能量满满的时候，我觉得有爱情就足够了，其他的我自己可以给我自己。但是当我遇到挫折，负能量满满的时候，男友给予的是精神支持，但是给不了建设性意见，或者说我知道他帮不了我。我很矛盾，我很爱他，但是有时候又会很忧郁。我知道安全感只能自己给自己，但是人总有气场比较弱的时候，我好希望我男朋友是能力很强的人，可以让我想工作就工作，遇到挫折可以给我庇护，等我休养好了再去拼搏。我有点矛盾，或者说有点迷茫。

没有安全感的博士

树洞回信

没有安全感的博士，你好！

看了你的文字，树洞君想，你的确处在一种矛盾的感觉中，一方面是你们多年的爱情，男友给予你的陪伴与精神支持；另一方面是现实他在工作收入等物质层面无法带给你安全感。两方面的撕扯让你迈入婚姻的脚步变得犹豫。树洞君同意你的说法，人生会有起伏，每个人都渴望自己经历低谷的时候，能得到另一半的支持与庇护。也正因为如此，好的爱情或婚姻关系并不是一方恒强一方恒弱的固化模式，而是有时你强他弱，有时他强你弱，有时你们显得平等。从你的故事中，树洞君猜测，也许目前你们的关系中，在学习工作能力方面你强他弱，在关系能力方面他强你弱，这是你们目前的平衡。

树洞君想建议你**更勇敢一些，将你的不安与男友分享。**因为不安虽然让人痛苦，但也推动人做出改变。如果你们未来的关系发展得顺利，树洞君猜想，那一定是男友主动地学习你，陪你一起承担起家庭中物质的责任，你也主动地学习男友，陪他一起为家庭带入更多爱的氛围，这样你们两人在物质或关系上的不安都会有另一个人分担，努力不再那么孤独、沉重。

从物质和思想的层面而言，人都不是一个自成平衡的封闭系统，而是一个不停开放和交流的鲜活生命。在这里树洞君的想法和你不一样，树洞君不认为安全感是一个自给自足的感觉，树洞君认为安全感是一个建立在与他人丰富互动中，对关系中的伤害与美好都有预期准备的自在状态。安全感既需要形而下的物质基础，也需要形而上的关系、感觉和信心。在这一层面上，你的不安感其实很重要，树洞君想建议你可以更清晰地思考一下你的不安全感中具体在担心一些什么样的情况，然后与男友商量一起设定目标计划，然后付诸行为来消除未来的不安。比如：如果担心未来的健康状况，可以现在开始培养良好的生活运动习惯；如果担心未来的经济情况，可以尝试两人一起商量如何增加收入，学习如何积蓄财富、投资、理财，如何借助保险、储蓄等方式来让自己未来的经济生活更有安全保障。这是关系中非常重要的沟通。没有任何人有权力要求对方变成自己希望的样子，因此强求往往会事与愿违，我们不接纳的态度只会让对方感受到拒绝的威胁。树洞君更建议用建设性的方式探讨自己的需要，帮助对方了解自己，同时也带着好奇去了解对方的期待。两人一起努力融合双方在关系中渴望实现的愿景，并为此协调共进，这样的关系会更加有生命力。

爱情和婚姻则是一场有关“与人互动”的大冒险，没有任何人或事能够保证另一个人是否值得托付，幸运的是它并不是一锤子买卖，考验关系的不是踏入婚姻的那一刻，而是婚姻关系的长跑中两个人慢慢学习了解如何相处、交流。

树洞主人：戴赟

4.8 男友和女性朋友来往亲昵，我该计较吗？

树洞来信

昨天和男朋友又吵架了。起因是我想起他给我的备注和给别人的有一点相似。他道歉了，但是我又提起了以前的一些事，结果就分手了。分手是我提的，当时觉得他完全不在乎我的感受。但是分手以后我又后悔，又开始挽回。现在是考试周，因为这件事我分了很多心。感觉我们之间因为这些小事吵了很多次，起因不外乎他跟别的女生过于亲密。在他看来好朋友（异性）之间称呼亲昵没什么，我认识他的那几个朋友，都是和他从小玩到大的朋友，但是我实在难以忍受。到底是我太过于斤斤计较，还是我们真的不合适。每次想到这些就对这段感情不抱太大希望。其实这次我已经下定决心分手了。可是分手以后第二天，又后悔了，觉得都是我的错。我很苦恼，也很纠结。我问过朋友，她们都说其实是他不在乎我的感受，让我分手。可是我真的很喜欢他。

爱吃醋的小迷糊

树洞回信

爱吃醋的小迷糊，你好！

正因为真的很喜欢，所以希望对方和自己是一样的，心里眼里只有一个人，希望他对待自己的方式不同于他对待其他人，这就是爱情的排他性和独占性。从表面上看，这也是你和男友吵架的主要起因。你觉得他给你的备注和别人的差不多，和几个异性好朋友之间称呼亲昵，这些都没有体现出你在他心目中的独一无二。从你的文字中可以看出，你对这种情况的反应是很大的——“他完全不在乎我的感受”，这是你的解读，所以你感到难以忍受。你一开头就说“又吵架了”，可见你们为了这种情况已经吵过很多次了吧，而且“他道歉了”，但是道歉似乎无法平息你的怒火，你“又提起了以前的一些事情”，越想越生气，越说越生气，于是你就提出了分手。可见分手是你被情绪驱使着做出的一个冲动行为，然后当情绪过去，你变得冷静之后，你又后悔，开始纠结，如此循环往复，就好像你自己给自己织了一张网，把自己网在中间，动弹困难。

要打开这张恼人的网，树洞君有以下几点想法供你思考：

1. 问问自己为何那么愤怒，了解自己情绪的来源。从你的烦恼里，可以看出你的愤怒情绪是触发这个循环的一个重要起点，那么除了愤怒之外，你还有什么感受呢？在感到愤怒之前，你的感受是什么样的呢？失落？受伤？委屈？……这些情绪是你在生活中经常体验到的情绪吗？你在什么样的情况下会产生这样的情绪呢？

我们的情绪往往伴随着一些想法，正如理性情绪疗法的创始人 Albert Ellis 提出的，引起人们情绪困扰的并不是外界发生的事件，而是人们对事件的态度、看法、评价等认知内容，通俗的说法就是我们对事情的理解和想法。在你和男友冲突的情境中，树洞君看到了一个你的想法，那就是如果我的男朋友在乎我的感受，他就应该按照我的标准和其他异性保持比较远的距离，他就应该用符合我期待的、一种特别的方式对待我，否则就意味着他是不在乎我的，是不爱我的。他没有按照你的标准，没有符合你的期待，就是不爱你，真的是这样吗？有其他可能性吗？

2. 不在情绪冲动时做决定，增强自我情绪管理的能力。从你的叙述中树洞君可以清晰地看到，你提出分手时正处在情绪中，所以提出分手并不是一个慎重的、经过深思熟虑思考的、真正反映你心声的决定。你提出分手，可能只是为了发泄情绪，表达你的不满、愤怒、受伤，或者可能是一种想要试探男朋友是否真的在乎自己的方式，等等。而且你男友道歉了，却还是无法安抚你，你会忍不住再把老账翻出来，新账老账一齐算，似乎在那个时候，你的情绪是必须发泄出来的。你一直是这样的吗？是属于那种暴脾气的人吗？你从小就是这样的吗？

我们经常说，冲动是魔鬼。爱冲动的人脾气一上来，往往会做出一些不恰当的事，让自己事后悔恨。如果你的这个特点不仅影响了你现在的恋爱关系，还影响过其他的人际关系，那意味着你需要更认真地去探索一下这个议题，增强对自己冲动情绪的控制力。

3. 探索自己对亲密关系的需求，建立和谐的亲密关系。有人把爱情分为三个阶段：浪漫期、矛盾期和理性期。看来你的恋爱正在进入第二阶段，也就是两个人的差异开始出现，摩擦开始产生，双方不断要求对方改变。当这种要求遇到挫败时，关系就面临挑战，如果不是双方都有诚意和热情，爱情很容易在这个阶段消亡。

你说“我真的很喜欢他”，那你喜欢他的是什么呢？除了他的一些优秀特质之外，你会期待他满足你对亲密关系的哪些需要呢？你是否期望对方能随时随地无条件接纳你，随时随地把你摆在第一位？在爱情中的人，心理上往往会不知不觉退行到婴孩时期，希望体验到“占据首要位子的、无条件的爱”。可是，爱情是一曲双人舞，舞者有时需进，有时更需退。

或许通过这些思考，你可以增加对自己的了解，能够更好地处理自己的情绪，发现自己还是深受他的吸引，那么树洞君相信你们的关系会走得更深，爱情会成为彼此的动力；又或许你发现你还是无法忍受，并不是“该计较”的问题，而是你真的很计较，这一点对你真的非常重要，那么你也可以做出慎重的、对自己负责的选择！

树洞主人：殷芳

4.9 男友总是调侃我又丑又不温柔

树洞来信

老师你好，我是一名大一学生，跟我男朋友已经交往三年了，从高中开始的。高中一路走来实在是非常不容易，但是他总是喜欢跟我开玩笑，说我丑，说别的女生漂亮，别的女生温柔适合做老婆。如果我生气了，他就说我心眼太小了，我对自己的相貌一直没有多自信，被他这样一说就更没自信了，跟他说了他也不太能理解，我还应该跟他继续下去吗？这个结该怎么解呢？

一只喵喵

树洞回信

一只喵喵，你好！

在你这段话中，树洞君好像听到了你对这段感情的在意与纠结。在意的是交往了三年，一路走来的不易，共同经历面对了许多，或许是父母的阻拦、学业的压力，抑或是同学的打趣……不管是多大的压力，你们都走过来了，这里树洞君好像看到了你们的坚定，在面对这些"障碍"时的坚定与勇气。纠结的是他对你相貌的贬损，又无法理解你对此的在意与生气，以致你对感情是否继续下去都产生了动摇。

你说到男朋友总爱“开玩笑”，树洞君不知道你为什么用了“开玩笑”这个词，但这三个字在某个侧面好像是说这不是他的本意，不是他的真实想法。如果是这样，则说明他不是真正有意要贬损你的相貌，而只是“开玩笑”的习惯无法控制，或者没有真正意识到这种玩笑给你带来的伤害。**有时候我们喜欢拿自己亲近的人开玩笑，因为亲近之人的关系是最稳定的，最不易破裂的，即使有冲突，也是最容易调和的。**从这个角度来说，好像他觉得你是开得起玩笑的，或者他期待你是能开得起玩笑的。但不知不觉却伤害到了你，这种玩笑于你是无法承受的。

或许对你来说如果只是单纯的表达情绪，他会以“小心眼”把你堵回来，这种叠加的负性评价会让你更加生气，对自己也更加没有自信。不良沟通的循环叠加就这样形成了，两人的交流也就卡在了这里。树洞君觉得你可以尝试从真诚表达自己的感受开始，告诉他听到这些你有多受伤，对自己有多大的影响。甚至可以告诉他你对自己相貌的不自信，你需要他的支持和鼓励。如果他爱你，当他真正看到自己的女朋友如此受伤的时候，他可能就会反思，这是因爱而生的反思，是因爱而生的改变。

另外，他会说别的女生漂亮，别的女生温柔适合做老婆。可树洞君看到的却是他选择了你做他的女朋友，还交往了三年，即使上了大学，也仍然在一起。树洞君不晓得他选择并坚持这份感情的动力来自哪里，跟他聊聊，你们是如何恋爱的，你爱他的是什么，你吸引他的又是什么，或许你们会有不同的发现。另一方面，是否也可以理解为他在向你表达期待呢，希望你更温柔一点，在跟他的交往中更柔和一些。你希望他变得更欣赏你，他希望你变得更温柔，但都没有直接表达，而是在用“攻击”和“生气”来表达。殊不知，他的攻击某种程度上促发了你的生气，而你的生气也强化了他对你的攻击。这种结果，与你们的期待恰好背道而驰，不妨跟他谈谈这种矛盾，或许你们会有新的觉察和改变。

祝你们顺利度过这道坎，拨云见日，云开雾散。

树洞主人：吴双磊

4.10 情爱中的控制和信任

树洞来信

有件事让我感到困惑，我需要你的帮助。

事情起源于上周五，我女朋友对我说她要跟学长单独吃饭。之前，她曾经和她关系很好的朋友单独出去吃饭，我并没有计较。我这次反应比较大，跟她抱怨，诉说我内心的不安和委屈。她听后妥协为让我也一起去，认识一下她的学长。去之后，发现学长人不错，是我心胸狭隘了。事后，我为此向女友道歉，关系也和好如初。但自己心里其实还是有一点难受，总觉得自己没有被女朋友尊重。不过，我也觉得自己疑心病太重，也打算减少控制欲，拿最好的状态对待她，希望度过这段艰难的时期。可是说时容易做时难，女朋友最近三天社交活动很多，留下我孤家寡人一个，给我一种故意躲避我的感觉。今天一起吃早饭时，相处得有一丝不自然，我更加难受。在这个非常时期，我感受不到任何来自她的体贴和对我们关系的维护，我对我们的未来感到失望。希望树洞君能帮助我，谢谢。

夏日雾凇

树洞回信

夏日雾凇，你好！

首先，树洞君要恭喜你！恭喜你能在大学期间找到心仪的女友。一方面，能在大学期间谈一场恋爱是非常浪漫、非常幸福的事，两厢厮守，花前月下，你侬我侬，更何况还带有浓郁的书香味道，它不仅可以丰富你的大学生活，而且也是一生都值得珍藏和回忆的甜蜜故事；另一方面这也是非常有必要的事。大学生处在即将走向社会的重要人生阶段，谈恋爱不但可以促进人际交往，了解并处理亲密关系，提高解决冲突的能力，还可以提高心智水平，为将来走向社会、很好地适应环境打下良好的基础。这也是你应该去完成的任务，并且是人生必需，而且学校没有专设的实践类课程。

其次，树洞君想夸夸你。一、你对自己的行为能及时反思，如，你觉得学长人不错，是自己心胸狭隘，疑心病太重；二、你还能适时做出调整，为两人的关系健康发展做出妥协，如“事后，我为此向女友道歉”“打算减少控制欲，拿最好的状态对待她”；三、你可以和女朋友分享你的负面情绪，可以直面你们之间的冲突，如，和她“诉说我内心的不安和委曲”。你具备的这些能力是难能可贵的。这不但对亲密关系的向前发展有积极作用，在日常人际交往中，这样的自我觉察和妥协同样是非常重要的。

第三，树洞君想提醒你。恋爱并不只是甜蜜和幸福，同时它会带来其他的情绪体验，如你所感受到的孤独、难受、不安、被冷落，甚至还会有嫉妒和疑心，这些都应该属于恋爱的一部分。如果只有快乐和幸福，没有不安、孤独和牵挂，很难说是一次完整的恋爱。

恋爱引发的是一种亲密关系。心理学家莱文格（G. Levinger）和斯诺克（D. Snoek）在1972年对亲密关系这样解释，**当两个人的互相依赖程度很大并且彼此能互相影响对方时，称之为亲密关系（Intimate Relationship）。**它有三个明显的特点，两人有长时间的频繁互动；这种关系中包含着许多不同种类的活动或事件，共享很多共同的活动和兴趣；两个人相互影响很大。它是人能感到幸福的基础，给人带来最大的满足和快乐，同时也会带来痛苦和孤独，甚至是伤害。

处理亲密关系从来就不是一件容易的事。一是亲密关系容易引发更多的冲突。长时间的接触和相互依赖的心理需要，使人对伴侣的要求更细腻、更具体，一旦不能满足，更容易造成误会和失望；二是父母缺少言传身教。表达需要和感受在我们的文化中是较为陌生的，我们多半会习惯性地以指责或抱怨的方式来表达需求。这恰恰是一种无效且对关系容易造成破坏的做法；三是学校以婚恋行为或人际交往为主题的课程不多，更何况在过去相当长的时间里，中学生的家长和老师谈“早恋”色变，青少年无法在最需要的时候得到正确的引导和关照。由于缺乏知识和探讨，所以在实践过程中往往不知所措，感到诸多困惑，你有烦恼也不足为怪。

在你的故事里，女友想和学长单独吃饭，你对这件事至少有两方面的感受：一是感到你的情绪没有被女朋友充分觉察和尊重，好像你希望对涉及关系的事情，双方有更深入的沟通和理解；其次，你有一些担心，担心学长会打你女朋友的主意，让你对这段关系感到威胁。树洞君猜想，你女朋友也许并不知道她这样做会引发你难过和担心，或许即使知道，她也不知道如何处理这种状况。如果你选择坦率地告诉她，和她知会这件事对你有多么重要，会让你感受到被尊重、被关心，使她在乎你的感受，让你更放心你们的关系。如果你能够坦言你内心的想法和情绪，也许她就会更理解你，并且改变自己的做法。

另外，通过你的文字，树洞君深深地感到你是害怕孤独的人，多么需要被关注，需要从她的体贴和关注中感受自己存在的意义和对亲密关系的安全感。这有点像你将自己置身于悬崖顶上的翘板，而将控制这翘板的权力交给了女友，由于你对她的不确定，让自己的安危也变得命悬一线。

可是你要知道，**真正能让亲密关系感到安全的恰恰来自你内心，由此将关系的安全感牢牢地掌握在自己手里。**如果你觉得自己值得你女友爱，她和学长见面吃饭又何妨。她社交活动多，是她能量充沛和能力强大的表现，就是值得你欣赏她和为她骄傲的地方。从另一个角度看，是你的优秀，才吸引了如此优秀的女生爱你，愿意和你在一起。当用你的自信和对关系的信任来理解你现在所处的情境时，可能你们的未来会多一点希望。

法国文学家莫里哀说：恋爱是一所学校，教我们重新做人。**享受两人世界的美好仅仅是恋爱的一个内容，更重要的是要学习如何呵护关系，使双方在关系中滋养和成长，直至成熟，在未来能经受更难的挑战，解决更大的冲突。树洞君愿意说，这或许正是恋爱的使命。**

树洞主人：沈红心

4.11 恋爱无感：不能同等回应对方的感情

树洞来信

老师你好，我最近稍微有点为恋爱而困惑。不久前，我和一直追求我的一位同学在一起了，刚开始挺兴奋的，觉得一起做什么事都挺开心；但几天后就好像回到了单身的心理状态，甚至在生活轨迹因对方而改变时还会有点焦虑烦躁。但是对方一如既往的热情，甚至因为关系更进一步而更加热情了。现在我很真切地感受到不能同等的回应对方的感情，觉得非常愧疚；但如果要我像对方一样热情，时常表达心意，似乎也很难（真的要这样做的话可能会带有"表演"性质）。所以有些困惑，希望能够得到一些建议。谢谢老师啦！

无感的手指尖

树洞回信

无感的手指尖，你好！

祝贺你初尝恋爱新滋味，迈开了人生体验最重要的一步。当你用了一个"稍微"二字来形容自己当前情感相处中的困惑，这让树洞君感觉到，你虽然有烦恼感，但情绪依然在相对稳定的状态。烦恼升起时，就是我们加强自我认识和学习新的应对方式的开始。**也祝贺你这么快地觉察到感情中不和谐的地方，并及时提问寻**

求帮助，而不是完全靠自己摸索处理，甚至干脆冷处理或疏远放弃，这说明了你开放的态度和对感情的重视，树洞君也看到了你的真诚。树洞君相信你的感受也是许多人在感情发展初期的共同体验，你的提问让更多人有了一起学习的机会。

在激情的驱动下，一切都让人兴奋，看自己和他人都会有不一样的眼光。通常来说，恋爱初期的激情状态可以保持至少 3 个月左右，然后再慢慢进入逐步清醒认识彼此的状态。但你兴奋没几天，就很快感受到了两人的差异，同时也体验到了因两个人要在一起而使个人自由受到了一定的限制。正如你体验到的，爱会给我们带来许多正向的感受，但同时也会让我们失去一些单身时的自由清静。联结与自由，看似矛盾，却也会丰富彼此。恋爱会让我们深入认识自己，进一步发现自己的个人需求和应对模式。恋爱初期的任务，正是要学习对差异做出回应。

在关系的进展方面，很显然你和对方不是同一个节奏。对方是锲而不舍，久追成功，盼望已久，自然是欢喜异常，大步快进。而你是考虑很久才决定跟对方在一起，感觉你可能是慢热谨慎型，对自身的边界可能会更在意，对方过于热情会让你感觉到不安全，你想保持一定的安全距离，但你又怕冷淡对方，怕伤对方的心，但要装出同等的热情又有违自己的天性，这真的是挺让人纠结的。

每个人在感情中需要多少的个人空间，能耐受多少的情绪表达，会如何回应对方，与我们在家庭中的成长经历及生活中的其他遭遇有关。**有的人属于焦虑矛盾型，需要更多地与对方在一起，需要得到更多的回应和确认。有的人属于淡漠回避型，需要有更多个人空间，情感太浓烈了，难以消化，会激起自己的内在不安，想要逃走。有的人既可以亲近，也可以独立，既可以表达对对方的爱和依恋，也可以坦然接受爱和依靠，可以在二者之间弹性转换。**关于这个部分，你可以看一看《读懂恋人心：如何在未知中相爱，在懂得后相守》（阿米尔·莱文，雷切尔·S. F. 赫勒著）以及《依恋与亲密关系》（苏·约翰逊著）这两本书，多了解一些依恋理论相关的研究与发现，练习与不同依恋模式的恋爱对象开展有效的沟通对话。

实际上感情就需要多多表达和相互更多的了解才能深入，尤其是恋爱初期，只有进一步的多表达和了解，才有可能更好地进入情感的下一个发展阶段，做出新的选择和承诺。在关系中，你仍然拥有一定的选择权，你可以尝试向对方说出你的感受，并及时地表达对对方的期望，这样你们才可以经常相互核对和相互调整，让关系在磨合中进一步发展，或者及时发现彼此的差异以及彼此期待中不那么现实和不能得到满足的地方，以便双方都可以为自己做出更好的选择。关于恋爱的发展历程和如何处理彼此差异，让感情深入发展这个部分，你可以看一看《懂得爱：在亲密关系中成长》（麦基卓、黄焕祥著）。

祝愿你们都能在这份爱的经历中有更多学习，从而对自己的情感需求和爱的本质有更多的了解。学习与人在生命的最深处相遇，发展一份深入的爱的联结能力，将使我们终生受益。

树洞主人：刘翠莲

4.12 情感挫折后的自我怀疑和缺爱感受

树洞来信

两年前我是个略害羞但自信的女生，陆续喜欢过两个男生，都大大方方地表白过，但都失败了。其中一个甚至和我当时的好朋友在一起了，对我打击很大。我明白感情的事情没有对错也强求不来，但心里过不去那道坎，感觉自己很差劲，没人爱，学习也落后了很多，从前那个自信、自律、上进的我找不到了。内心非常想要改变，但时常有无力感，注意力也很容易分散。我觉得自己是缺爱了，甚至看到周边不错的男孩子就容易产生好感，内心就又陷入了那种怀疑、紧张、大喜大悲的情绪中，请问老师我该如何让自己走出来呢？

受伤的松鼠

树洞回信

受伤的松鼠，你好！

好勇敢的女孩子，喜欢就大大方方的表白，树洞君非常欣赏这样的态度！

不过**看来你并没有做好表白会失败的心理准备，或者更确切地说，虽然你理性上劝慰自己“感情的事情没有对错也强求不来”（树洞君非常同意这个观点），但很显然，感性的你还是受伤了。**

有人在感情受挫时会冲动急躁、乱发脾气；有人会不停地抱怨；从你的描述里，树洞君觉得你是在受到了感情的挫折之后陷入了一种非常消极的状态：自我怀疑和自我否定——感觉自己很差劲。你似乎有点情绪低落、有无力感、无法集中注意力……某种程度上你正在经历一个哀悼的过程：哀悼你爱的人拒绝了你，哀悼你付出的情感没有得到回应……

当我们失去任何东西——亲人、朋友、恋人、健康等等的时候，我们的内心都会经历一个哀悼的过程。根据失去的东西重要程度不同，哀悼情绪的强度和时间就会不同。这个过程需要时间，所以要允许自己有点低落，给自己一些空间和时间。

情感受挫后会产生很多消极的情绪，这本身是一种正常的反应。而**哀悼也是一个正常的、重要的心理过程，但当你把挫败归因为“自己很差劲”时，其实是值得商榷的，在树洞君看来这才是导致你状态变差的“罪魁祸首”**，因为这个想法攻击了你对自己的观感，从而开启了一个恶性循环。

大学生这个年龄阶段正处在青少年晚期、青年早期，根据埃里克森的心理社会发展理论，正好从青春期过渡到成年早期。青春期的议题是青少年需要建立自我同一性，防止角色混乱，用比较通俗的话来理解，就是回答了“我是谁”这样一个问题：对自身有充分的了解，能够将自己的过去、现在和将来组合成一个有机的整体，确立自己的理想与价值观念，并对未来自我的发展做出自己的思考。成年早期的议题则是发展亲密感，避免孤独，体验爱。在一份真正的亲密关系中，两个个体的同一性会发生融合，但是任何一方都不会失去各自的同一性。

你感觉到自己缺爱了，或者说你感觉到的是自己对爱的渴望，“看到周边不错的男孩子就容易产生好感”，这正是你这个年龄阶段的人生议题。“窈窕淑女，君子好逑”，反之亦然，“哪个少女不怀春”，而你也很勇敢地进行了尝试。尝试的失败却动摇了你对自己的认识，让你对自我同一性产生了质疑。把失败归因于自己不够好、很差劲是一种非常常见的、看似非常合理的想法，以至于我们很多时候就想当然地接受了这种想法，从未对此有过质疑和思考。所以现在，你或许可以问问自己：真的是这样吗？有可能有不同的理解或者解释吗？

表白失败是痛苦的，但无须因痛苦转而攻击或者贬低自己！如果实在忍不住在挫折后情绪低落、自我怀疑，那就“让子弹飞一会儿”。参照本书里调节情绪的章节，顺其自然地等待哀悼结束的日子。

最后和你分享一首小诗——艾佛列德·德索萨（Alfred D'Souza）的"去爱吧，像不曾受过伤一样"：

去爱吧，就像不曾受过伤一样（To love, like never been hurt）

跳舞吧，像没有人欣赏一样（To dance, like no one appreciate）

唱歌吧，像没有人聆听一样（To sing, like no one listen to）

工作吧，像不需要钱一样（To work, like no need of money）

生活吧，像今天是末日一样（To live, like today is the end）

树洞主人：殷芳

4.13 失恋后觉得生活很烦

树洞来信

上周日晚上梦到她回来复合，一转过头发现那张脸不是她，一下子吓醒了。周一烦了好久；周一晚上和组员出去吃火锅，走了很远发现常去的那家关了，换了一家是我现在碰到最难吃的火锅；周二下午去心理咨询，说自己很迷茫，失恋后感觉失去了目标，老师跟我说“我不知道”可能是潜意识已经知道了但不想承认，我觉得很有道理但感觉还是没解决；周二晚上陷在迷茫里又想起她，出去散了很久的步也没恢复过来，一直烦到了周三上午；周三上午接了个剧本的活，想散散心，结果晚上写出来的剧本梗概跟对方的预想不同，不情愿改又不能不改；周三晚上又梦到她回来复合，两个人躺在床上拥抱着亲吻着讨论清明和五一的出游，醒过来满心的庆幸，半分钟过去突然明白过来那是梦，直接崩溃到了现在还没好；今天中午出去剪头发，斗篷没扎紧，碎头发全都掉在衣服里面了；昨天下载了一个有点贵的游戏但发现打不开，刚删掉又找到了破解办法。这么烦根本学不进去，但过了清明有个考试，现在不抓紧复习就复习不完了。好烦啊！

如果老师能开导我一下的话，希望能从这几件具体的事情下手呢，不太希望就直接安慰一下，道理都懂但做不到啊。

失恋的胡杨

树洞回信

失恋的胡杨，你好！

不知道你们分手了多久，树洞君猜应该是最近的事情吧。听上去分手的事情使你有些焦躁，一些日常琐事也会引起你“烦”的一种情绪，使你无法集中精力学习。你似乎也还在喜欢着对方。从你梦到与她在一起的画面以及她回来复合的这些梦里，在潜意识层面，你的内心还与她有很深的联结。

如果你想再花点时间沉浸于对过去恋情的怀念中，树洞君不会急于把你从中拽出来。**亲密关系所带来的美好是人生的财富，是其他的爱无法代替的。甚至我们终其一生都在学着怎样爱别人、怎样被人爱。**你可以在心中保留着对过去的珍惜和对她的喜爱与欣赏。失恋的治愈可以是慢慢来的。

那么，如果你想摆脱当下的状态，变得更加积极生活，不妨尝试更加关注自己的感受，重新构思你的目标，并找到一些应对难过的方法。

1. 关注自己的感受

我们先来说说为什么人会无法摆脱对逝去感情的留恋。在众多的原因中，生物学上有一种解释是大脑分泌的化学成分对于“失去重要的人或者被拒绝”会产生应激反应，使得身体中多巴胺和血清素含量水平下降。而这两种成分是人们感受快乐与自信的重要介质。这一下降，也使得你更加怀念过去快乐的时光，那些来自前任的爱能带给你的多巴胺分泌上升的时刻，是如此美好。

所以失恋后产生的情绪非常正常，要允许自己有一段时间来恢复。就如同身体上受伤，伤口的愈合需要休息和时间，心碎的感觉也一样。在自己真正疗愈好之前，别急着摆脱情绪。

2. 重新构思目标

树洞君从你的文字中感受到，似乎你失去了一部分奋斗的目标。也许因为曾经你的努力和进步都与她有关，至少有她陪伴。现在你的处境改变，目标也不那么清晰了。虽然这很难，树洞君还是建议你可以重新思索自己的大学生活。有哪些是重要的，哪些是一定要完成的，哪些是你的心愿。你可以写下来，做一个清单，主动适应这些新的期待。

3. 应对难过的办法

树洞君看到你尝试用散步的方式来摆脱“烦”。很高兴看到你已经在寻找应对方法上迈出了一步。散步可以帮助你消耗掉情绪和身体上积聚的想要爆发的能量。虽然你觉得散步之后依然很烦，但它一定是起了作用的。然而“散步”这个方法作用有限，你的大脑可能还在不停重复着分手这件事的细节。试着使用一些让大脑能专注的方法，比如需要高度专注力的体育运动、与人谈话、小组作业等，这些可以让注意力暂时转移。别小看暂时的转移，慢慢累计在一起，你会发现你在慢慢被治愈。更何况，这些活动可以促进你身体内多巴胺与肾上腺素的分泌，使得你感受到活力与自信，帮助你从分手中恢复。

最后还是要建议你继续来心理咨询。任何心理咨询都不是一蹴而就的，普遍的周期是 8 个星期。情绪的消解需要时间，也给我们多一点时间陪伴你。

树洞主人：王乐实

4.14 我想睡自己的咨询师怎么办？

树洞来信

想睡自己的咨询师怎么办，虽然咨询师肯定不会给我睡。

大胆的水母

树洞回信

大胆的水母，你好！

这位坦诚而不失可爱的仁兄/侠女，树洞君首先对你能够察觉到内心的欲望并有勇气坦言的行为表示敬佩！

在历史中，你绝对不是第一个想“睡”自己咨询师的来访者，但你却是树洞里第一个敢于提问的来访者。

其实在咨询室里，来访者爱上咨询师是经常发生的事情。试想一下，在一个独立的空间里，一周一次或多次的见面，无论你想说什么，无论你有什么情绪，咨询师都会认真倾听。你的任何想法和情绪，咨询师都是尊重的，没有评价，有的是共情和理解，也许有时候咨询师并没有理解到位，但他或她想努力理解你的态度就让你很温暖，时间一长，你会慢慢信任咨询师，觉得咨询师是这个世界上唯一理解你、欣赏你的人，咨询师是如此的完美，因此你就会对咨询师产生爱慕之情，并对咨询师充满了性的渴望，希望在身体上靠近咨询师，想和咨询师融为一体。

再说说你的这种冲动。想要“睡”自己的咨询师，这个想法，这个愿望，是那么的有冲击力，想来你这些日子一定不好过，要是爱上其他的人，还是有机会去实现自己的愿望的，可是偏偏爱上不可能的人，真是好抓狂。

在心理咨询的术语中，来访者对咨询师个人产生的情绪体验被称作移情(transference)，**是来访者将自己过去对生活中某些重要人物的情感投射到咨询师身上的过程。而爱上咨询师这种含有性意味的移情被称为“移情之爱”。在咨询室里产生的爱恋，不是现实生活中真正的爱恋，咨询师可能刺激了来访者无意识的被爱、被支持和被理解的需要，也可能刺激了想要和另一个人融合的需求。**

建议你再勇敢地和你的咨询师去讨论你的这个愿望和想法，告诉他/她你这个听上去有点疯狂的幻想吧。你慢慢会更多地理解自己的这种感情，理解自己对咨询师的特殊的移情，甚至有机会看到被移情挡在背后的问题。

最后，树洞君想讲一个故事，留言同学的欲望让树洞君联想到精神分析发展史上的具有里程碑意义的著名来访者安娜(化名)的故事。

安娜出生在维也纳一个富有的犹太人家庭，她一直很健康。1880 年，安娜 21 岁时，她深爱着的父亲生病了，安娜竭尽全力照顾父亲，但不到一个月她就因严重的歇斯底里症而病倒在床，她失去了胃口，肌肉无力，右臂麻痹，还有一紧张就咳的严重毛病。她的父亲两个月后故去，她的病情也更加严重了。她有遇见黑蛇和骷髅的幻觉，语言发生障碍(有时候，她不能讲德国母语，但是却能说英语、法语或者意大利语)，哪怕渴得要死她也不能喝水，还有一阵阵的“缺失”，或者晃若梦中的时空错觉，她把它叫作“时间消失”。

布洛伊尔是当时维也纳有名的医生，他给安娜治疗了一年半，他用的治疗策略是“谈话疗法”或“扫烟囱”。在和布洛伊尔每周 4 次的频繁见面中，安娜的症状有了很大程度的缓解。但是，有一天夜晚，安娜因腹部痉挛而疼得打转，布洛伊尔及时赶去，却发现安娜已经认不出他了。他问安娜怎么会突然疼起来，安娜却说:“我快要生布洛伊尔大夫的孩子了。”布洛伊尔惊愕地意识到，安娜在和布洛伊尔的谈话中渐渐的产生了对布洛伊尔的依恋，这种依恋慢慢地变成了一种强烈的恋爱，承受不了如此强烈情感的布洛伊尔为维护自己的名誉，落荒而逃，并迅速将安娜介绍给了另外一位医生，自己则与妻子一起外出度假。

布洛伊尔后来把自己的这段经历告诉了弗洛伊德，引发了弗洛伊德的思考，弗洛伊德运用布洛伊尔“谈话疗法”的治疗策略去治疗歇斯底里症的病人，后来发现在他的心理治疗临床中也有很多来访者宣称爱上了他，弗洛伊德没有被吓跑，通过认真研究，他提出了精神分析临床中的这一重要概念——“移情”。所以在弗洛伊德看来，来访者爱上的并不是咨询师本人，而是来访者投射的一个理想形象。治疗师通过和来访者的移情进行工作，可以帮助来访者修复童年时期的创伤。

弗洛伊德曾在1915年写下著名论文《移情之爱的观察》，后来很多精神分析大师们对这篇文章发表了自己的不同看法，这些文章汇成一本书《论弗洛伊德的〈移情之爱的观察〉》，目前有中文版，有兴趣的可以去找来或许可以帮助你更好地理解自己的感情。

树洞主人：廖一明

参考文献：

西格蒙德・弗洛伊德.弗洛伊德文集01：癔症研究.车文博，编.北京：九州出版社出版，2014.
桑德勒等.病人与精神分析师.施琪嘉等，译.北京：中国轻工业出版社，2011.

5.

情绪困扰

5.1 抑郁症使我绝望

树洞来信

抑郁症并发焦虑症确诊近四个月，拒绝了吃药，情况越来越糟糕。已经放弃复查和治疗。春节回家不敢和家里说生病，旁敲侧击得出的结论是家人都觉得有这种病是自己心里有问题。今天把所有吃的都吐了，身上又多了自己划的伤疤，想要死。我很痛苦，我很想挣扎一下，可是我说不出口，不敢求助，我怕被讨厌，被忽视，被不理解。救我。

非常痛苦的抑郁症患者

树洞回信

非常痛苦的抑郁症患者，你好！

看到你的留言，树洞君很揪心！你内心中的烦恼和苦痛似乎无处诉说，堵而不能发。你尝试了就医，你试探了家人的态度，但结果好像还是很无助；于是身体似乎在帮着你“吐”出一些，但还是很难受，你又划了自己，甚至想到了死——在树洞君看来，所有的这些也许都是你想帮助自己摆脱痛苦和煎熬的尝试和努力，你不想要继续这样难受的生活，你想要回归舒心一些的生活状态。因此即使你划了自己，你想到了死，树洞君觉得这也绝对不是你的目的，只是因为你内心太痛太痛，暂时还没有找到更好的途径来帮助自己回到想要的生活而已。

于是，你继续挣扎，你写了这段有着求助意味的留言。最后的“救我”两字震撼到树洞君，似乎强烈感觉到你不愿放弃的意志，以及突破心中巨大阻碍发出求助之声的勇气！在这儿，树洞君听到了希望的声音。

那如何顺着希望的声音走向希望之处呢？树洞君必须要说，这个阶段的你确实需要一些外界的支持和帮助。根据你提供的有限信息，**树洞君认为药物治疗配合心理咨询是帮助你度过目前这个困难时期的最佳选择。**因为在重症抑郁发作期间，大脑中的神经递质会出现失衡，这种生物性的变化会使个体更强烈地体验到无助和无望感，进而产生越来越强的绝望，此时就像陷在沼泽地的泥潭中，个体很难靠自己脱身，甚至会有越陷越深的危险，极端情况下会选择自杀来逃脱痛苦。这时通过合适的药物来进行对应的生物性调节，使大脑神经递质恢复正常就显得尤为必要，这就如泥潭边伸出的一双能拉你出来的有力大手——此时的你需要这双有力的大手。同时，药物的剂量和种类需要根据个体情况的变化进行相应的调整，因此需要定期去精神科医生处复诊，切不可自行减药或停药。

不知道之前你是因为什么原因拒绝吃药。树洞君猜也许是担心药物的副作用，也许是害怕所谓的药物依赖，也许是恐惧他人知道你吃药后的态度改变……某些担心也许确有其事，某些也许只是以讹传讹，抑或仅是心中想象，即使是确有其事，也存在发生或不发生的可能，而且你也可以向精神科医生具体询问。无论如何，人生就是一个权衡利弊、不断选择的过程，好好与自己的内心对话，面对自己最想要的东西，自己愿意“冒一次险”吗？

走入心理咨询室接受专业的咨询服务也能帮助到你。不过，正如你所提到的，也许你担心“被讨厌，被忽视，被不理解”。树洞君不敢说这些主观体验一定不会产生，但树洞君要说的是我们中心每一位咨询师都是秉持包容、关注和理解的态度去与每一位来访者工作的，并且让来访者感受到包容、关注与理解也是心理咨询最重要的工作目标之一。树洞君真诚地邀请你走入咨询室试一试，同样为了自己最想要的东西，你愿意“冒个小险”吗？

敏感而又很可能承载和压抑了太多东西的你，此刻需要、也值得外界的支持与帮助。当你愿意充满勇气地向求助方向再多走出一步时，“救我”的呐喊就已经化作了自己救助自己的切实行动,希望之处也就距你更近了一步。试着向前走出一步吧,加油!

树洞主人:方圆

5.2 我的朋友被确诊为双相情感障碍

树洞来信

朋友确诊为双相情感障碍，我能做什么帮助她？接触过程中一定不能做什么？

一个想帮助朋友的同学

树洞回信

一个想帮助朋友的同学，你好！

你愿意为朋友的需求来提问，树洞君能感受到你对朋友的重视和关心。这个人有你做朋友是幸运的，因双相情感障碍（Bipolar Disorder，简称双相障碍或双相，或躁郁症，在最新的美国精神障碍诊断与统计手册〈以下简称 DSM-5〉有具体分类及描述）而困扰的人更需要周围人的理解与支持。通常来说，被双相困扰的人会在较长时间里处在情绪低落和高涨的周期变化里，在情绪高涨时，感觉很有能量，不太容易就医，周围的人也不容易觉察；而情绪低落时，虽然主观痛苦感强，但常常又不容易看到希望，不愿意主动做事。你的朋友能去就诊并得到确诊，就已经迈开了面对困难的第一步。

也谢谢你提到这个重要的问题，让树洞君有机会在这里做出公开回应。双相在大学生中发生率很高，主要发病年龄是 15 岁到 30 岁，其中尤以 19 岁之前的青少年群体最为高发。但很多人对此并不了解，树洞君甚至遇到过一个学历很高的家长，当他的女儿告诉他自己得了“双相情感障碍”，他还以为是双性恋呢……

双相很容易与抑郁症混淆，是一种情绪上的障碍，分类为两种。第一种是至少一次的躁症发作（双相一型）。第二种是至少一次的抑郁症发作加上至少一次轻度的躁症发作（双相二型）。

香港中文大学健康情绪中心主管李诚教授写过一本书《九郁一躁》(2007)，书中指出“顾名思义，郁躁症的病征包含了抑郁和躁狂，患者的情绪会往两个方向走，抑郁持续几个月，轻躁则只会出现三天（在新的 DSM-5 里，抑郁阶段持续至少 2 周，躁狂阶段持续至少 4 天）。当患者可能会有一个抑郁状态，这时会与单向抑郁症的病征相同，至少持续两星期情绪低落，感到失去动力，明显影响日常生活；而当躁狂或轻躁狂出现时，虽然只有短短几天，但患者会明显地情绪高涨，感到充满动力，且满脑子计划涌现，对人对事显现得热情有加，有些患者会以为病好了，甚至感到还好过未病时。不过，情绪高涨同时使病人可能会变得特别急躁或容易与人发生争执等。”书中写了华人圈中一些公众人物患双相情感障碍多年都不自知，未能及时有效治疗的故事。而当他们自己及其亲人朋友意识到这是一种疾病，协助他们认真治疗时，他们的病情就能得到有效控制，人生也重新恢复平衡，他们可以很好地发挥自己的才能，做出自己的成就。

无论你的朋友是哪种情况，对这一病症的更多了解是最重要的，只有了解才能提供更好的支持。DSM-5 中，抑郁包括两条主要症状：情绪低落，兴趣或愉悦感减退。躁狂主要表现为：情感高涨、易怒、精力旺盛，这些表现影响了日常社交和学习或工作功能。除此之外，抑郁和躁狂还有各自的附加症状。与抑郁症比起来，双相障碍的生物学因素更多，一般通过药物治疗、心理治疗和物理治疗进行综合治疗。

首先要进行药物治疗，心理治疗对于双相障碍急性发病期间可能作用并不明显，对于康复期，心理治疗则很重要，甚至家庭治疗也必不可少。双相患者的病识感（一个人对自己生病有准确的认识，英文为 insight）比较差，常常拖延很久都不愿意就医，就医之后也不愿意认真服药。他们与人接触和交流时，容易愤怒。必须确实了解他们的表现是一种病理表现，不能用常理去推断（不能认为是故意的、假装的或者是个性使然，或是用是非善恶判断的标准来衡量。）

其次，陪伴和照顾者的心态对双相患者的康复影响很大，往往因为陪伴和照顾者缺乏应有的知识，他们的态度、认知对患者造成无形的威胁和更进一步的伤害，从而导致延迟病情康复的时间或病情的再次复发。双相在稳定服药和心理治疗后，会越来越平稳。在树洞君的来访者中，有很多来访者与医生配合得很好，能深入地展开心理治疗。在情绪调节、压力管理以及生活态度上都能做出新的改变。再者，有些来访者的家庭愿意一起面对，使家中长久未解决的冲突也得到面对与梳理。对双相困扰的人来说，得到家人的支持，在人际层面做出改变是很重要的。

最重要的是，要帮助朋友对康复建立信心，理解与接纳疗愈过程中出现的反复。你可以读读上面提到的这两本书，也可以将他们介绍给那位患病的朋友及其家人，这会是你送给他们很好的礼物。

树洞主人：刘翠莲

参考文献：

福乐·托利，麦可·克内柏.躁郁症完全手册（给病患、家属及助人者的实用指南）.丁凡，译.台北：心灵工坊出版社，2006.

李诚.九郁一躁.香港：博益出版社，2007.

美国精神医学学会.精神障碍诊断与统计手册（案头参考书）（第五版）.张道龙等，译.北京：北京大学出版社，2014.

5.3 如何帮助有抑郁症的朋友？

树洞来信

我的一个好朋友得了抑郁症，她每天都和我说她觉得自己的生活很乱很糟糕，生活没有意义，她什么都做不好，谁也不理解她。目前她也去医院看过病。作为她能谈心的好朋友，从我的层面，我该怎么去帮助她比较好呢？

担心的小鹿

树洞回信

担心的小鹿，你好！

从你的描述中看到，你的朋友表现出了对生活的失望、空虚感、低自信、自我怀疑，以及不被理解的苦恼。她已经得到了诊断吗？如果有，那么医生一定给出了一些治疗建议，建议遵照医嘱来治疗。如果没有，那么建议与医生详细沟通过后做一个清晰的诊断或者排除。抑郁症与抑郁情绪不同，需要达到一个标准。

但树洞君也要感谢你提出了这个问题，这大概是很多人都有的困惑，身边重要的人表现出了抑郁症的倾向，却不知自己应该如何帮助。树洞君能感受到你对她的关心，但这似乎也让你有些迷茫呢。

树洞君的想法是：不去拉她一把，然后倾听与认可，同时关爱你自己。

1. 不去拉她一把

是不是有点意外？我们常常以为，帮助别人就是去拉她一把，拉着她走出低谷，鼓励她重获新生。我们内心有一种驱动，想让她快快好起来。这是一种美好的善意。可是你知道吗，**对于抑郁症人群来说，他们最怕听到的话大概就是“你别多想了”“快振作起来”“一切都会好的”，也很害怕听到对方试图用自己的例子来“教育”他们**，比如“我之前也像你这样，我用了××方法就好了”。这就像一个癌症患者听到一个感冒的人说“你要多吃维生素”一样。没有经历过抑郁症的人很难真实感受他们身处的低谷。**这时候任何试图去快速鼓励他们的话都像是一种责备：“你怎么就不能好起来呢？”**其实他们对于“得了抑郁症”这件事也很抱歉，甚至会觉得自己的不快乐是一种罪过，成为别人的负担。他们不是不想好起来，只是可能失去了感知快乐的能力，失去了一种内心的能量。

2. 倾听与认可

那么我们可以做什么呢？询问她的感觉，询问她经历了什么，发生了什么。然后倾听她的回答，给她表达的空间。“就让她说。”自我表达是一个自我修复的契机，也是建立人与人之间连接的契机，使她感受到关心，爱护。通过倾听，你也表达了对她感受的认可。**这样做传达出一个讯号是，你允许她的难过，允许她的脆弱，允许她有长长的时间来恢复，我们不着急。**倾听时给予一些反馈，使用共情的语言，如“你真的很不容易”“这确实很难”“真的很辛苦啊”，等等，而不是急着提出建议。

3. 关爱你自己

帮助一个有抑郁症的人并不容易，你在情感、情绪和体力上都付出了很多，有时会感觉到自责、失望、焦虑，甚至同理心的疲惫。这时候关爱自己非常重要。**你要接受一个事实：You can only do so much。你能做的只有这么多，了解到自己作为普通人的局限性。**当自己的感受确实难以承受时，也适当抽离一些，给自己设定一点边界。表达你的关心，表达你没放弃她，但也表达你需要一些关爱自己的空间。

4. 寻求专业帮助

抑郁症是一种可被治疗的情绪障碍。陪你的朋友找到一个让她舒服的心理咨询师，制定一个干预计划，可能是每周的咨询，也可能是一些小组活动。你可以持续跟进她的进展，甚至在她对心理咨询有畏惧的时候，你陪伴她一同进行，给她一些安全感，帮她适应专业的帮助。

树洞君曾看到这样一句话：陪伴的力量不可估量，你可能是在关键时刻让他们拴住今生的锚。感谢你，加油！

树洞主人：王乐实

5.4 毕业季，焦虑让我无法做该做的事情

树洞来信

临近毕业就业季，内心焦灼不安。知道自己应该开始写论文，可就是没办法开始。找了一些工作，又没办法决定去哪一家。这个过程非常痛苦。学院有好几位同学都这样，不知道为什么？请问该怎么办？

焦虑的准毕业生

树洞回信

焦虑的准毕业生，你好！

你的留言，让树洞君看到你是一位对自己、对他人有敏锐觉察力的人。你发现临近毕业就业季了，你的情绪是焦灼不安的。理智上，你知道现在应该做些什么，但行动上就是没法动起来，好像有什么卡住了一样，这种现象不光发生在你的身上，好像身边很多同学和你一样，你很困惑你们都怎么了？

的确，每年的樱花盛开时节，心理中心都会迎来很多即将毕业的学生，他们都很优秀，但他们不是卡在论文上，就是卡在就业或者未来选择上。虽然他们的外在表现方式不太一样，但内在的焦虑和恐惧是类同的。所以呀，你们的困扰其实可用“毕业季的焦虑”来命个名。

对于每个大学生来说，从告别学生身份，离开父母的照顾，到告别单纯的校园，

进入错综复杂的社会，即将成为一个独立的社会人，内心一定会充满非常复杂的情绪：也许有期待，期待不受父母约束的自主生活；也许有恐惧，恐惧进入不熟悉不确定的环境；也可能有担忧，担忧自己是否胜任社会工作，等等。

当对社会的恐惧担忧大于期待时，人本能的反应就是保护自己，而保护自己的方法有很多。有的人保护自己的方法是拒绝进入社会，行为上可能会表现为：毕业季该做的事都不做，比如不积极写论文，不积极去找工作，这样自然就没法毕业了，然后可以继续留在学校这个熟悉安全的环境做自己熟悉的事。当然了，这种保护自己的方式常常是你们内心无意识在运作的，你的意识层面往往觉察不到。

接下来，树洞君和你分享一个访谈，这是很多年前对上海大学心理咨询中心督导专家秦伟老师的一次访谈，树洞君印象最深刻的就是秦伟老师提到他当年博士毕业前的痛苦。下面摘录部分内容与你分享：

记者：“您在从医 11 年后，在上海中医学院获医学硕士学位，又在华东师大心理系读了四年教育学博士，之后又是什么样的机缘让您接触到了精神分析呢？”

秦伟：“在完成博士论文的时候，我遇到了当时对我来说人生最大的困惑。反应很强烈，抑郁、憔悴不说，最直接的表现是我已经无法书写。所有的实验都做完了，数据都采集了，什么都是现成的，只需最后的整理，按常规这篇博士论文应该在两周内完成，快的话一周就能完成，结果我用了一年的时间。我无法写，拒绝写字，所有资料摆在面前，就是无法把它写成一篇文章。那是一种精神上的抗拒，也是身体上的抗拒。遇到这么一个大问题，几乎毕不了业。”

记者：“为什么会在那个时候出现这样一种反应呢，是不是太看重这篇博士论文了？”

秦伟：“可以这样理解，对自己要求比较高，总是有不满意的地方。而我当时面临的主要问题是，这个论文完成之后，我将脱离自己已经习惯的学生生活，将不再是学生。对一些人来说，身份的转换是一件很困难的事情，因为这意味着他将独立去面对一个复杂的、不可预知的社会，从另一个方面讲，是要考虑自己将以什么身份，什么形象，什么样的角色把自己放入社会，把自己呈现在别人面前。我已经习惯了‘我是一个优秀学生’的秦伟，当这个招牌不能再用的时候，那我是谁？另外，当我不再是学生，不再需要拿着课本进课堂的时候，什么才是我真正想做的事情呢？当我需要重新给自己加个定语作为一个社会角色时，问题就出来了。"

记者："上学之前，您曾有过社会工作经验，为什么再次进入社会，反而有不同的感受呢？"

秦伟："怎么说呢，以前走的路是别人帮我选择的，或是在父母的呵护下完成的。我选择博士阶段读实验心理学，是认定它是科学的，能够实现自己的某些想法，结果在要毕业的时候，才发现我并不喜欢它，它并没有满足我的所有愿望，我所要完成的并不是我真实想要的东西，所以我才会有很强的抗拒。也就是说，我本来以为学成之后，这门学科会成就我的某种社会角色，结果博士都要毕业了，却不知自己何去何从，如何在社会上安身立命。"

记者："这个难题是怎么解决的呢？"

秦伟："没有解决。如何定义自己？我想要什么？这是一个巨大的问题，是一个严肃的问题，我回答不了，就把它先放在那里。后来学校心理系的同学们，把我当作'实验品'，照本宣科地用催眠术暂时缓解了我无法书写的症状，算是把论文写完，毕业了。"

访谈的摘录就到这里，后来，秦伟老师带着内心的困惑开始接受了精神分析，再后来又去法国学习精神分析。最后既解决了自身的困扰，同时还成为国内著名的精神分析师。秦伟老师的这段经历很好地诠释了毕业季焦虑的内在原因，希望这个访谈会让你对了解自己为何会卡住有所启发。

当然，树洞君在这里举这个例子，并不是想说解决毕业季焦虑要像他去学习精神分析，而是想告诉你，这种现象有多么普遍，普遍到一个心理学博士也同样被困住。最后，树洞君还是建议你来中心约个心理咨询师，细细聊一聊你忐忑的复杂情绪，去面对、接纳、理解毕业季里你自己内心的恐惧和担忧，相信你慢慢就有行动力了。

树洞主人：廖一明

参考文献：

秦伟.精神分析是认识自己的机会.西部广播电视，2009年第8期.

5.5 我是不是得了焦虑症？该吃药吗？

树洞来信

过度焦虑导致厌食失眠，以及情绪不稳定，是不是有必要去医院咨询精神科医生开些药物进行缓解呢？感觉很影响生活。

厌食的树袋熊

树洞回信

厌食的树袋熊，你好！

很高兴看到你有良好的就医理念！确实和谈话治疗（心理咨询）相比，药物的作用起效迅速，如果对症的话，症状可以得到较快的缓解！当我们自身遇到难以“自力更生”解决的难题，“改革开放”地向外求助不失为一个好办法。很欣慰你在考虑一个阶段性向外求助的可能性。

在树洞君的工作中，经常会碰到一些对精神类药物很抵触的学生或家长，他们会担心药物有副作用、会成瘾、甚至会影响智力等等，可见他们还停留在对过去精神类药物的印象中，并不了解现在的精神类药物。接下来让我们详细了解一下现在精神类药物的发展状况。

精神药物主要分为抗精神病药、抗抑郁药、心境稳定剂、抗焦虑药、精神启动药和改善记忆药几大类。顾名思义，抗焦虑药主要作用于消除或减轻紧张、焦虑、惊恐、稳定情绪，是具有镇静催眠作用的药物，主要用于治疗广泛性焦虑障碍和惊恐障碍。20 世纪 90 年代以来，SSRIs（选择性 5-羟色胺再摄取抑制剂）和其他新型抗抑郁药物逐渐替代传统抗焦虑药物，成为治疗焦虑的一线药物。SSRIs、SNRIs（5-羟色胺与去甲肾上腺素再摄取抑制剂）、NaSSAs（去甲肾上腺素能和 5-羟色胺能抗抑郁药）类抗抑郁药都有良好的抗焦虑作用。

这些新一代的药物具有影响神经系统内 5-羟色胺或/和去甲肾上腺素的神经传递作用，而对中枢和外周的其他受体的作用几乎可以忽略不计，也没有对中枢神经系统和其他主要内脏器官（心、肝、肾）的直接毒性作用。因此，这类药物的副作用较小、安全性较高、服药依从性强，可以使绝大多数患者边服药边工作或学习。

那么，你认为自己过度焦虑，是否真的到了符合焦虑症的诊断标准、需要服药的程度了呢？下面，树洞君简单介绍一下《美国精神障碍诊断与统计手册》（第五版）（以下简称 DSM-5）中关于焦虑障碍的分类和诊断标准，你可以了解一下这些标准。当然，最后的诊断必须由专业的精神科医生来决定！

在 DSM-5 中，焦虑障碍主要分为：分离焦虑障碍、选择性缄默症、特定恐怖症、社交焦虑障碍（社交恐怖症）、惊恐障碍、广场恐怖症、广泛性焦虑障碍、物质/药物所致的焦虑障碍、由于其他躯体疾病所致的焦虑障碍、其他特定的焦虑障碍、未特定的焦虑障碍。

其中现在大众普遍说的“焦虑症”指的是广泛性焦虑障碍。具体诊断标准包括以下几项：

A. 在至少 6 个月的多数日子里，对于诸多事件或活动（例如工作或学校表现），表现出过分的焦虑和担心（焦虑性期待）

B. 个体难以控制这种担心

C. 这种焦虑和担心与下列 6 种症状中至少 3 种有关（在过去 6 个月中，至少一些症状在多数日子里存在）

1. 坐立不安或感到激动或紧张

2. 容易疲倦

3. 注意力难以集中或头脑一片空白

4. 易怒

5. 肌肉紧张

6. 睡眠障碍(难以入睡或保持睡眠状态,或休息不充分、质量不满意的睡眠)

D. 这种焦虑、担心或躯体症状引起有临床意义的痛苦,或导致社交、职业或其他重要功能方面的损害

然后还需要再排除其他精神障碍、物质、躯体疾病的可能性。

从你的描述里面,首先我无法确定时间,然后除了失眠以外,没有看到特别具体的焦虑症状的表现。"很影响生活""情绪不稳定",具体是什么样的情况,都需要进一步的分析。但是初步来看,你似乎有可能还未达到焦虑症的程度。

如果是这样的话,或许心理咨询就是一个很好的选择。你的主观感觉是焦虑的,情绪是不稳定的,生活受到了影响,那么看来在你的生活中还是发生着一些事情。来到咨询中心,和咨询师一起来看看你的内心发生了一些什么,会对你有所帮助!

树洞主人:殷芳

参考文献:

美国精神医学学会.精神障碍诊断与统计手册(案头参考书)(第五版).张道龙等,译.北京:北京大学出版社,2014.

5.6 拖延症让我焦虑到心态崩溃

树洞来信

我不知道自己出了什么问题。在我应该学习的时候却没有学习，我会一边痛苦地看电视，一边想着该去学习了。心里想：为什么我不能像那些勤奋的人一样，为什么我是个一事无成的人。这样下来到最后，一整天什么事都没做。之后我就会很焦虑，想要独自一个人待在黑暗里，拉上床帘。一边懊悔自己没有控制力，一边想要惩罚自己。

漫长又折磨的一天过后，我又会在第二天恢复正常，至少看上去很好，往往也能开始正常生活。我以为这个状态靠自我调节就能克服。我跟妈妈说了自己的情况，说自己可能是焦虑，她总说要我自己调节。但这种心态总是如影随形。在不经意间，特别在我意志脆弱的时候溜出来。它让我情绪很不稳定，时而沉默，时而兴奋。我越来越惧怕走到人群里，这让我心跳加速。如果没有必要出门，我就宁愿独自待着。我的社交圈子很窄。我害怕自己的未来不如意，而我越害怕就越搞砸它。我希望能自我调节或者获得家人支持。但这很难，他们不会理解，我也不愿意求助，觉得不管用。我想向专业的人求助，告诉我这是怎么了？我该怎么做？这已经影响了我，如果不这样，我也许能成为一个更好的人。

一个重度拖延症患者

树洞回信

一个重度拖延症患者，你好！

首先要感谢你能够这么坦诚和详细地诉说自己的心情和“症状”。树洞君听了你的描述，听起来很像由拖延症导致的焦虑。你怀揣着“成为一个更好的人”的宝贵心愿，对自己其实有很多的期待，同时又看到身边人的不懈努力，对比自己后产生更多对自我的质疑。再加上对这种状态的羞耻感，以及亲人的不理解，这似乎把你推到了一个墙角。这种需要勉强装作自己很好，又非常清楚自己“很不好”的状态，着实让人心疼。

心疼之余，我们可以来研究一下拖延症到底是怎么回事，也许你能够豁然开朗。拖延症其实并非毅力不够强大或不知上进。它其实与人的低自尊、完美主义都有联系，强迫自己自律并不会消除拖延。而克服拖延，也有一套切实可行的做法。

1. 什么是拖延症？

拖延表现为避免完成需要完成的任务。它可以进一步被描述为在意识到负面后果的情况下，依然延迟启动或完成任务(Ferrari & Roster, 2018)。在美国，20%至25%的成年人受到拖延的影响，而大学生拖延学业的情况根据学期阶段的变化在25%到75%之间波动(Cherry, 2019)。拖延不仅会对学业和成绩产生负面影响，还会使拖延者处于持续的压力之下，自责、焦虑，甚至厌食和失眠。它也可能影响拖延者的社会关系，迫使拖延者孤立自己，尤其表现在团队合作中。上述这些状况在你的描述中都有所体现。

2. 为什么会拖延？

1) 逃避“冒充者”感觉

人们其实在用拖延的方式避免一个特定的结果或状态。这个结果有可能是对失败的惧怕，无法满足自我期待以及他人期待的失望感，或者一种“冒充者”的感觉。“冒充者”的意思是，你可能一直表现得非常优秀，但其实内心你知道自己也有地方做得不好，你很害怕别人发现自己的不足，因此一直试图做到完美来掩盖缺陷。但在内心深处，你明白自己并不像表面看上去那么完美，因此认为自己是个

"冒充者"。这份担忧会促使你逃避任务,害怕面对困难时的无力感和失望感。

2)完美主义

拖延症与完美主义有着千丝万缕的联系。由于上述的"冒充者"感觉,你可能不停敦促自己事情要做得漂亮。由此,**一件很小的任务,甚至是日常琐事都被赋予了很大的期待,这份完美主义使得你对做任何事都感到害怕,就像一座要去攀爬的高山。**从而不断产生自责和低自尊的感觉,害怕来自别人的负面评价,更多的是来自自己内心的批评之声。

3)享乐原则

在弗洛伊德精神分析中,人们本能地追求满足并避免痛苦,以抚慰生理和心理需求,比如美味的食物、温暖的拥抱、解脱的快感等。在最初阶段,我们推迟一项不愉快的任务,试图让生活更愉快,避免痛苦并保持在舒适的区域。而随着拖延的进行,不完成任务的后果慢慢积累,人们开始产生自责和去行动的动力。到最后,一旦不完成任务的后果比不愉快的任务本身更痛苦,我们便会采取行动。这就是为什么大多数人在deadline之前,最终还是把事情做完了。

结合你的情况,学习就是那个你觉得有必要做,但很抗拒去做的任务。你对自己有很多期待,可能你长期处于学业的竞争中,因此当看到其他同学努力学习时,你的自我意识在不断谴责自己。而这份谴责,使得"学习"这件事更加严肃和可怕,使得你更加不愿意去尝试学习。

3. 如何克服拖延?

1)自律为什么没有用?

面对拖延,社会上有很多声音是鼓励人们自律,拿出强大的毅力,严格要求自己。也有一些声音强调每天坚持的重要性,例如坚持每天打卡,不打卡就罚钱之类。虽然从一些案例看来打卡确实提高了人的行动力,但树洞君很担心它的长期效果。可以预见,当你完成了99天的打卡,但有一天真的因为某些不可抗力而没有打卡,那么这份巨大的失望感甚至会演化成对没有完成任务的懊恼和惭愧。它会让你想要迅速逃离。**拖延症的人本身就是爱自责的人,再加上这份"自律"失败的羞耻感,那么回避任务的心态就"更上一层楼"了。**

那么我们该怎么做呢?

按照弗洛伊德的享乐原则，我们的重点是让任务不那么痛苦。

2）减少自责，降低内心标准。

首先要减少并抑制住自己心中自责的声音。真正明白自己可以有缺点、不完美、做不好。明白自己作为人的局限性，明白每个人成长环境不同，与他人比较其实并无意义。明白自己的优点，接受自己的缺点。这样你便从“冒充者”阴影中走出来，变成了一个“真实者”。这个过程可能会遭遇亲人、老师甚至是朋友的不理解和不接受，他们会发现你没有他们想象的那么好，你可能不断面对他们投递在你身上的失望，这会增加你的羞愧。但树洞君不得不说，这是“接受自己”的必经之路。只有放过了自己，才能轻装上阵。

对于学业以及生活中的其他事，不要求自己做到 100%，只要你全心全意地付出过就可以认可自己。树洞君绝不是说人不应该追求卓越。而是说，当追求卓越已经使你痛苦，使你停滞不前，那么可以适当降低标准。就像小树生长，它最初也并未有一个“一定要长 100 米”的宏图大志，只是不断专注于“生长”这件事而已。

3）化大为小

一件任务，如果确实使得你很惧怕，那么不妨把它分解成很多的小步骤。你可以写下来，第一步做什么，第二步做什么。注意在时间上，一定不要求自己一气呵成，允许自己分开时段慢慢地做。有一个很有趣的游戏是“不拖延的 10 分钟”。给自己定一个 10 分钟的闹铃。在这 10 分钟里，你可以聚精会神地做事，查资料、写几句话、给接下来的工作构想思路等，都可以。10 分钟到了，你会发现原来 10 分钟也可以做完一些事，即使只做了很少的事，但对于 10 分钟来说也已经是个很不错的收获。如此这般，积累自己完成任务时的快乐感觉，记住每次你没有拖延时的这种满足，同时不因拖延而自责，那么慢慢地，完成任务就变得不那么可怕了。

最后，还是要邀请你来咨询中心。当你分不清自己是适度降低要求还是故意自我放纵时，咨询师会帮你理清思路，慢慢变成一个自信的执行者。

树洞主人：王乐实

参考文献：

Cherry, K. The Psychology Behind Why We Wait Until the Last Minute to Do Things, 2019. Verywell Mind. https://www.verywellmind.com/the-psychology-of-procrastination-2795944

Ferrari, J. R., & Roster, C. A. Delaying Disposing: Examining the Relationship between Procrastination and Clutter across Generations. Current Psychology, 2018, 37(2): 426-431. https://doi.org/10.1007/s12144-017-9679-4

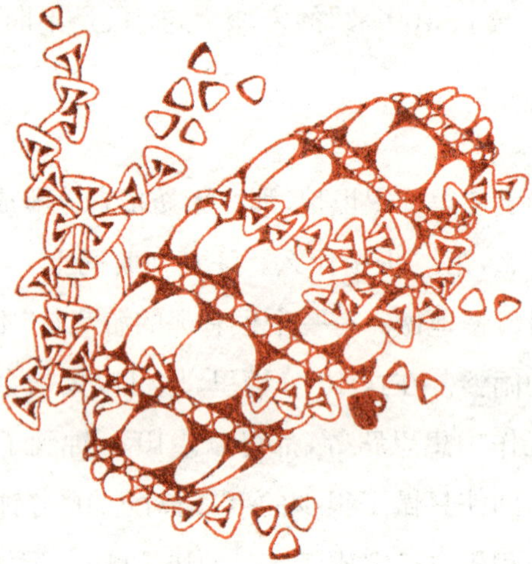

5.7 失眠：对死亡及失去意识的恐惧

树洞来信

夜深人静睡不着的时候就会想，人总是要死的，如果真的到了那个时候，就会变得没有意识，然后自己就怕的不行。

鸭梨史多得

树洞回信

鸭梨史多得，你好！

这听上去是一个很有哲学味道的题目，生死问题是人类文明中一直持续存在的思考。死是什么？这个问题无人能完全地回答。但树洞君觉得，你如此年轻，大概并未受到死亡的直接威胁，却有了这些思考和想象，想必是有一些特别的原因。你的提问中给的信息不多，从这些只言片语中，树洞君猜测，你对死亡的恐惧也许是来自一种对“失去意识”的恐惧，而我们的睡眠其实也是一种“失去意识”的过程，于是你更容易将两者联系在一起，在入睡前产生恐惧，进而导致失眠。

树洞君首先要说，**对失去意识的恐惧是一种很正常的心理，每个人可能都感受过。**如果你觉得这个恐惧的程度已经影响了你的日常“功能”，比如失眠，那么我们可以想办法来理清思路，试着摆脱恐惧，或者将“惧怕”恢复到普通水平。

要化解这个难题，我们可能要明白失去意识这件事，它与死亡的区别是什么，有哪些方法可以克服这个恐惧？

1. 为什么会恐惧失去意识？

通常一些经历过突然昏厥的人会有这些恐惧。突然的昏倒类似于一种创伤，会使得人有一种失控感，毕竟突然之间无法掌控自己的身体和意识是一个很可怕的状态，出于生物对安全性的需求，这种恐惧会留在心里，形成一个“我要时刻有掌控”的心态。因此，“失去意识”就被认为是危险的，害怕失去意识就成了人对自己的一种保护机制。

除此之外，一些经历过对健康有强烈威胁的疾病的人，也会产生对死亡或失去意识的担忧。有一个术语是死亡恐惧症（Thanatophobia），属于焦虑的一种，表示一个人格外紧张于自己的死亡结果或死亡过程（Cadman，2018）。经历死亡恐惧症的人通常也会经历害怕分离、害怕失去、害怕将所爱之人单独留下等其他感受。对照你自己的情况，你是否也有这些额外的焦虑呢？死亡恐惧症通常也由过去经历的创伤或者疾病引起。低自尊和抑郁的人也会容易出现相关表现（Balasubramanian et al.，2018）。

对比你自己，你曾有过昏厥的经历吗？有过亲朋离去留下的创伤吗？或者经历过让人担忧的健康问题吗？如果有的话，那么我们需要关注的重点，便不是你对失去意识的恐惧，而是治疗你内心受过的苦，弥合心灵上的创伤。

2. 普通的失去意识与死亡的区别是什么？

这是个深刻的哲学问题，树洞君不能完美的解答。但我们可以从表征的一些不同来加以区分。

一个显然的区别便是：普通的失去意识后，你的意识会回来的。若你经历过昏厥，除了害怕的感觉之外，你应该也经历了意识回归的过程。如果是因为低血糖、中暑或疼痛而昏厥，大部分人可以自行醒来或者在医疗帮助下醒来。这便是人类强大的神经递质的作用，在你无法靠意识掌控身体时，帮助你自行恢复身体机能。

睡眠也是一样的。无数的生物化学递质调控着失去意识和恢复意识的过程。它们虽然不归你管控，但就像这宇宙的自然规律自行运转一样，**你的身体之所以被称为“小宇宙”，也是因为它不受你控制“安全地自然运转”。**

想想自己的迷走神经，它在你这个“将军”没有发号施令的情况下，维护着你的呼吸、心跳、眼动、消化系统等等。你的感官也还是在接收着外界的刺激，一些光照、声响、身体位置的变化，都会让你有感觉而回到有意识的世界。想想是不是很有趣呢？

明白这些区别，并信任你身体里的自然规律，试着不去把失去意识与死亡联想在一起。

3. 如何摆脱失眠？

除了上述在理性层面的认识之外，在感受和行为上我们也可以做一些尝试。

1）正念睡眠

可以在睡前做一些正念的练习（mindfulness）。尝试正念睡眠（mindful sleeping）的意思是，**你只把自己的思维专注于睡觉这件事，而不是想诸如“睡眠是不是和死亡一样？”“死是什么感觉？”这样的问题。**可以尝试倒数呼吸的方法。缓慢的腹式呼吸，然后每呼吸一次就从10向下倒数一个数字（在心中默数）。10次呼吸可能不够，那么就再来10次。另一个方法是身体扫描（Body Scan）。以一个舒服的姿势躺着，从头部开始，在心里感受每一个部位现在的感觉，从头顶，到眼睛，到嘴唇周围的肌肉，到肩膀，到腹部，到大腿，到脚趾（可以按照自己的喜好来增加扫描到的身体位置）。这样一方面让你的思维专注于自己的感受，一方面又让身体每个部位放松，可以帮助你自然而然地睡着。

2）增加自己在白天的活力

尝试在白天更积极地生活。**通常那些有良好的自信心、健康的身体和清晰的生活目标的人更少感受到对死亡的恐惧。**你可以试着增加社交活动，与朋友有更好的情感情绪体验，确立一个近期的小目标，增加生活的幸福感和安全感。这样你甚至不会再被那些“恼人的想法”打扰。

最后，达芬奇曾说：就像精力充沛的一天带来愉快的睡眠，美好的一生带来快乐的死亡。我们先不管一生那么长是不是美好，也不管自己是否会有个快乐的死亡，我们先来过一个精力充沛的一天，有一场愉快的睡眠吧！

树洞主人：姚玉红　王乐实

参考文献：

Balasubramanian C., Subramanian M., Balasubramanian S., Agrawal A., Raveendran S., & Kaliaperumal C. “Thanatophobia”: Physician’s Perspective of Dealing with Patients with Fear of Death. Journal of Natural Science, Biology, and Medicine, 2018, 9(1): 103-104. https://doi.org/10.4103/jnsbm.JNSBM_102_17.

Cadman, B. Thanatophobia. What to know about death anxiety. 2018. https://www.medicalnewstoday.com/articles/321939.

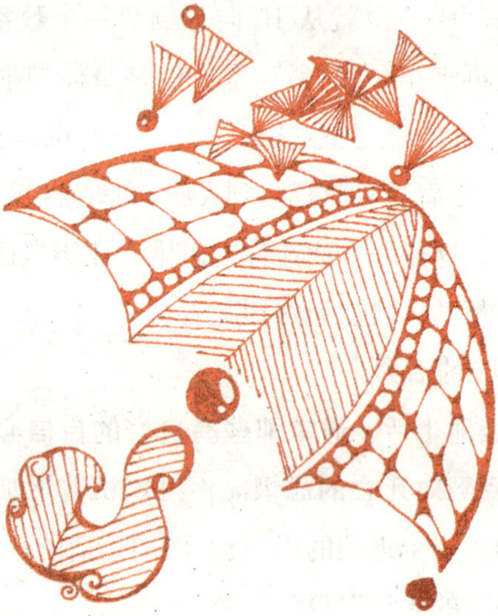

5.8 音乐强迫症

树洞来信

你好老师，我在疲惫和紧张的时候会有音乐强迫症，就是一定要听音乐。开始的时候听一段时间后休息就好了，后来发展到不听音乐脑子里都有唢呐声，请问需要治疗吗？

唢呐贝多芬

树洞回信

唢呐贝多芬，你好！

树洞君不是精神科医生，抱歉不能进行诊断和治疗。（根据我国的《精神卫生法》，只有精神科医生才能从事精神疾病的诊断和治疗。）但是树洞君还是可以先帮你分析一下情况。

你已经给自己下了一个"诊断"——音乐强迫症，那么让我们先来看看强迫症的诊断究竟是什么样的标准，你是否真的是强迫症呢？

在《美国精神障碍与统计手册》（第五版）中，强迫症的诊断标准如下：

A. 具有强迫思维、强迫行为，或两者皆有。

强迫思维被定义为如下：

1. 在处于该障碍的某些时间段内，感受到反复的、持续性的、侵入性的和不必要的想法、冲动或意向，大多数个体会引起显著的焦虑或痛苦。

2. 个体试图忽略或压抑此类想法、冲动或意向，或用其他一些想法或行为来中和它们(例如，通过某种强迫行为)。

强迫行为被定义为如下：

1. 重复行为(例如洗手、排序、核对)或精神活动(例如祈祷、忏悔、反复默诵字词)。个体感到重复行为或精神活动是作为应对强迫思维或根据必须严格执行的规则而被迫执行的。

2. 重复行为或精神活动的目的是防止或减少焦虑或痛苦，或防止某些可怕的事件或情况；然而，这些重复行为或精神活动与所设计的中和或预防的事件或情况缺乏现实的连接，或者明显是过度的。

B. 强迫思维或强迫行为是耗时的(例如每天消耗 1 小时以上)或这些症状引起具有临床意义的痛苦，或导致社交、职业或其他重要功能方面的损害。

然后还需要再排除其他精神障碍、物质、躯体疾病的可能性。

在你的描述中，你说自己“在疲惫和紧张的时候会有音乐强迫症”，树洞君是否可以理解为在疲惫和紧张的时候，你就会想听音乐，逃避在音乐中，只有音乐能够稍微安抚一下你的心灵，除此之外，你什么都不想做、什么都做不了呢？所以看上去，“音乐强迫症”的发作是由你的疲惫、紧张激发的，那么是不是当你不疲惫、不紧张的时候，你就不会“音乐强迫症”了，是吗？因此，似乎音乐是你的避难所，并不会给你再增添痛苦。如果是这样子的话，那你基本上不是强迫症了。

不过当你说“后来有时候不听音乐脑子里都有唢呐声”，这一点还是引起了树洞君的注意。如果你很明确地知道，那些唢呐声并不是真实存在的，只是你脑子里的想象，那说明你对自己的感知和行为有客观而清醒的认识。恭喜你，这说明你的自知力和现实检验能力是没有问题的！这也差不多可以排除一些其他严重精神疾病的可能性。但是如果你慢慢地分辨不了这些唢呐声是否是真实的，或者后续又出现了其他声音(比如人说话的声音)，那么树洞君会建议你一定要去医院进行更详细的检查和诊断！

最近在树洞君咨询的个案里面，遇到了好几个一直塞着耳机、听着音乐的大学生来访者，其中一个人非常明确地说：耳机就像一堵围墙，帮助她把自己和周围的世界隔离开来，为她创造了一个让她感觉舒服、安全、自在的世界。由此，**树洞君有一个猜测：你的音乐强迫症是你为自己创造的“秘密花园”。当你疲惫和紧张的时候，你会不由自主地逃进这个秘密花园。**

不过你的秘密花园似乎又发生了一些变化——唢呐声来了，我们不知道它是从哪里来的。树洞君对唢呐不是很了解，但在印象中，它是一种民族乐器，好像在我国一些农村地区比较流行，而且似乎主要用于婚丧嫁娶这样的场合。不知道你的家乡是哪里，是否唢呐是你家乡比较常见的一种乐器？

或许你可以问一下自己：唢呐声音只是一些声响还是一首乐曲？如果是一首乐曲的话，是一首什么样的乐曲呢？悲伤的？喜悦的？兴奋的？这首乐曲你熟悉吗？令你想到了什么？如果这个唢呐声想向你传递你内心世界的话语，如果它会说话，它可能会告诉你什么呢？

我们内心世界发生的事情都是有意义的，如果你想更深入地了解自己，可以进行系统的探索！

树洞主人：殷芳

参考文献：

美国精神医学学会.精神障碍诊断与统计手册（案头参考书）（第五版）.张道龙等，译.北京：北京大学出版社，2014.

5.9 压力一大就想吃东西怎么办?

树洞来信

大二课业超紧张,复习压力也大。加上平时做什么事情都是一个人,没人一起的时候就容易吃超多。明明饱了就还是忍不住想吃东西,吃到胃疼也停不下来,这是暴食症吗?管不住嘴啊。

被迫大胃王

树洞回信

被迫大胃王,你好!

虽然你的提问很短,树洞君却感受到了你的疲惫、纠结和无奈,同时也有点担心,树洞君觉得这种吃东西吃到停不下来的感觉一定让人特别痛苦。

不知道这样的情况已经多久了?大概发生的频率是怎样的呢?是在怎样的情况下会发生?吃完东西后会有其他清除食物的行为吗?饮食状况长期偏离常态可能会影响到你的身体,如果这个问题真的已经比较大地影响到了你,建议你一定要去就医,另外可以过来心理中心聊一聊,你的身心健康在我们看来是最重要的,特别希望你能跟我们一起来看看怎么应对这些状况。而在这里,我们可以先聊聊以下几个部分:

1. 看到我们所面对的压力

提问中说到课业压力很大,树洞君也经历过那种任务接踵而至,让人应接不暇的时期，真的会让人感到非常疲惫。另一方面树洞君也看到你是一个对自己有所要求的学生，树洞君暗自佩服你没有放弃学习或者松懈自己，同时也很心疼你在这样的情况下坚强支撑。学习和考试是我们很多人都会不断经历的，但这件事情对我们每个人的意义，每个人对其感受可能都不尽相同。不知道对你而言，学习意味着什么？在学习上你对自己的期待是什么？别人对你的期待是什么？这些期待带给你什么样的感受？

此外，在你的生活中是不是还有其他的压力困扰着你，来自环境、家庭、关系、过往等等，如果说这些压力已经让你筋疲力尽，那么再加任何一个压力事件都将让你不堪重负。

2. 看到自己如何与压力相处

通常情况下，人们面对生活中的挑战和压力，情绪会容易受到影响，如果没有比较好的应对和支持，到了一定程度，压力不但不会就此消失，反而会用别的方式呈现出来，而进食对你来说可能就是一个特别的出口。树洞君不知道在面对压力时，一般你会用什么样的方式去应对，这些方式给你带来了什么样的结果？更多积极的转变还是负面的情绪？斯坦福大学教授凯利.麦格尼格尔（Kelly McGonigal）的研究发现（2015），**最幸福的人并不是没有压力的人，而是那些压力很大，但把压力看作朋友的人。**这提醒我们可以在心态上做出调整，看到压力之后尝试悦纳它们，而不是排斥和抗拒，它会帮助我们运用压力带来的积极能量。当然这说起来简单，做起来并不容易，打破自己惯有的模式需要力量，也需要一个转变的过程。另外可通过合理放松、宣泄、倾诉、正念等积极的应对方法，与压力和谐共处，而非被它压迫。我们所习惯的方式不一定是唯一的，也不一定是最适合的，我们可以为自己做出更好的选择，慢慢来。

3. 学会倾听自己的声音

此外也可以体会一下，吃东西的时候你会有什么样的感觉？你的身体，你的内心发生了什么，让你即使胃已经很痛依然停不下来？缓一缓，去听一听自己的声音，它有很多话想要告诉你。身体是很诚实的，有时候，它会用自己的方式来提醒我们，保护我们，感受它想要告诉你的部分，可能是你的头脑一时难以认知到的，当然这个部分做起来会有一些难度，可以在咨询师的陪伴下进行。

4. 用公正的眼光看待自己

在树洞君以往接触的个案中发现，很多对食物无法控制的欲望往往更深地来自对自己的不满，不仅是指外貌或者体型上的不满，还有其他方面的过度苛求。他们对自己的评价远低于实际情况，常常担心自己做得不够好，无法达到他人的期待，对事情失去掌控。

静下心来看看你是不是喜欢自己，喜欢那个真实的你自己，如果答案是否定的或者模糊的，那很可能你看待自己的眼光是不太公正的。人无完人，我们每个人都会存在一些不足，但也一定有着值得被欣赏的闪光点，**尝试把对自己的欣赏逐条写下来**，看看可以写几条，也可以寻求他人的帮助，尽可能多地去看到你的美好之处。悦纳自己，这个世界上独一无二的你，特别珍贵。

5. 寻求你的支持系统

没有人是一座孤独的岛屿，我们都需要从彼此身上汲取能量，只有不断地感受爱，流动爱，我们的生命才会更加鲜活。

树洞君相信“总是一个人”不是你的真实意愿，也看到内心深处你渴望和他人的联结。你说没有人一起的时候容易吃很多，不妨看看是不是有谁可以给你支持和陪伴，多和朋友们待在一起，做一些有意思的事，给自己更多能量。**求助是一种强者的行为，如果你需要陪伴，可以尝试告诉别人你的需要，要知道，有时候被需要也是一种很好的感觉。**

最后，忍不住想吃的时候，可以尝试通过深呼吸、洗脸等方式来缓解。同时避免摄入咖啡因、茶多酚和高糖食物。特别欣赏你能在这个时候来提问，一个人面对这些真的很不容易。由于提问的信息量有限，树洞君对你还有很多想要了解，勇敢再迈出一步，可以来心理咨询中心找我们聊聊。

树洞主人：朱婉灵

参考文献：

McGonigal K. The upside of stress：Why stress is good for you，and how to get good at it. New York，NY：Penguin，2015.

5.10 感情淡漠的“无所谓”男孩

树洞来信

不知道自己算不算感情淡漠，对大多数事情多是无所谓的态度，东西丢了也不会在意，不争不抢，甚至父母吵架离婚，我心中也有些无所谓。平时的话，在大家面前应该算乐观的老好人，被人说什么也不会太在意，确实也挺合群，也有几个真心朋友。有时候感觉自己一个人挺好的，会疑惑恋爱到底是什么感觉。感觉是我很注重隐私吧，不太愿意和别人说出自己的悲伤之类的，总觉得别人没有义务听自己的烦恼，不知道这算不算正常。

保护膜里的男孩

树洞回信

你好，保护膜里的男孩：

请允许树洞君暂时这样称呼你。看到你的提问，一个被套在保护膜里的男孩形象不由得浮现在脑海里。你说属于自己的东西丢了不会在意，初看好像是种不拘小节的心态，不过又隐隐地感觉到有一种情绪在准备出来的瞬间就自动消失了的压抑；你描述自己是不争不抢，不知道“争和抢”对你来讲意味着什么，带给你的感受是怎么样的？初看像是一种无欲无求的样子，又不禁好奇可能的欲望跑到哪里去了。

当你说到对于父母吵架离婚，你的心里甚至有些无所谓，树洞君似乎突然有些理解前面讲的丢东西无所谓和不争不抢，就和这件让你烦恼的事情一样，**好像“失去”或“争取”对你来说都是不受控制的。** 作为孩子的你也许不是第一次听到父母这样的互动了，如果曾经也在意过的话，那么“在意”带给你的感受是怎么样的呢，结果又是如何？如果一次又一次的“在意”只会让自己伤心、不知所措甚至愤怒，而无法改变任何事情，就有可能渐渐地在你心里埋下一颗无助的种子。当熟悉的吵架离婚的声音再次响起的时候，过去的经验告诉自己“在意是多么无用的一件事，可能的‘失去’并不会因为努力争取而受到控制，那么还不如不去体验那种糟糕的无助无力的感觉，不在意是一种让自己不受伤的姿态。随他们去吧，他们在争吵的时候又何曾顾及我的感受呢……”。因此，**无所谓就像是一层保护膜，它把你内心可能的害怕和担心包裹起来，让自己离无用且难以承受的感情远一点。**

心理动力学治疗是一种常见的心理咨询流派，里面有个十分常用的术语叫作“防御机制”，每个人的防御机制就像自己的盔甲一样，用来保护自己不去体验一些不好的感受。当我们的内心出现焦虑或者冲突的时候，常常就无法真实地去做出反应。举个生活中的例子，比如当我们考试成绩不好时，心里原本就不是很想面对或者有些羞耻，这时如果突然被人问到，我们可能就只会给对方一个含糊其词的回应，或者转移话题，来迅速逃离预期的不好体验，这就是一种防御性反应；相比较而言，一个对自己考试感到满意的人，更容易在此时做出真实的反应，而不需要掩饰或者逃离。你说的“感情淡漠”很可能是一种防御性的反应，因为“在意”很可能让自己感受到痛苦，感受到可能的失望、悲伤、无能为力等等，而“不在意”可以与这些不舒服的感受拉开距离。

对于恋爱，你有些好奇又有些疑惑。恋爱是更为亲密和复杂的一种关系，联想到你描述父母的争吵离婚，这在无意识中对你会有什么影响吗？18 岁正是从青春期步入成年早期的时候，对恋爱有好奇渴望是很正常的。**然而恋爱是一个产生感情的过程，如果有个习惯性的情感保护膜把这个功能盖起来了，不敢去分享感受、投入感情，甚至感到害怕或者不屑，那就常常只能在外观望，而无法真正去因为好奇而开始探索。**

隐私是你的秘密之地，和开心这种情绪不同的是，**悲伤的情绪更敏感于试探外**

界的安全与否，只会在值得信赖的、同时愿意耐心倾听和理解自己的人面前展现自己的脆弱。“不愿意和别人说出自己的悲伤”也许与无意识中不相信别人愿意花时间来倾听你的烦恼有关，这种无意识的想法让你用“别人没有义务”来说服自己，可以不用去感受“自己需要别人安慰的软弱或者被拒绝的失望”等等。

如果你愿意，心理咨询是一个可以为你保守秘密的真实树洞，发出比文字更加及时的回应。要知道以上只是树洞君试图对沉默的字里行间的回应，很有可能包含了一些错误的猜想。当你有需要的时候，欢迎随时来咨询中心坐一坐，表达成长中任何的感受。

树洞主人：章秀明

5.11 感受不到真正的快乐

树洞来信

经常觉得自己的生活一团乱麻，虽然有时候会变好，但是糟糕的情绪反反复复，而且好像越来越严重。之所以说是一团乱麻，是因为我只觉得糟糕，却说不清具体原因。

理毛线的猫

树洞回信

理毛线的猫，你好！

从你的描述中树洞君仿佛看到了一群因多任务的生活节奏而忙忙碌碌的学生，因忙碌而有时表现出茫然无所适从，心情低落，做任何事情都提不起兴致，无助无望无聊，生活迷茫，存在感缺失，身心疲乏，等等。相当一部分同学会和你有相似的状态。

树洞君不知道你现在这样的情况是从什么时候开始的，在这之前有没有发生什么事。感觉乱糟糟的负面情绪是你自己并不想经历的，你排斥否定它，但它如影随形地跟着你，你希望通过树洞摆脱它。你有没有想过，这样的情绪状态也是你必须去经历的，你越想摆脱，它越是黏着你，如此恶性循环，慢慢地，你越来越觉得对自己的生活没有了掌控感，精神能量也越来越弱。

我们是否可以去尝试找寻那些你在生活中可以立即掌控的东西，比如你的时间安排、业余爱好等，一些让你提升精神能量的事。

有这样一个关于掌控感的经典实验。研究者选取了一家美国的养老院，这家养老院中看护的都是年事已高并且患有严重身体疾病的老人。研究者给每位老人发了一盆植物，并承诺每周六所有的老人可以免费看一场电影。所有的老人被随机分成了两组。这两组的区别是：第一组老人不需要自己照看植物，护士会全权负责；老人也没有选择看什么电影的机会，由养老院的工作人员统一安排。而第二组的老人则需要自己照看植物，他们需要定期为植物浇水，给植物晒太阳；他们还可以选择自己想要在周六看什么电影，在几点钟的时候看电影。几个月后，研究者回到了这家养老院。他们发现，第一组老人的生活幸福感普遍与实验前相同，而第二组老人的总体幸福感明显提高了。此外，虽都患有严重的身体疾病，但第二组老人的死亡率只有第一组老人的一半。

这是为什么呢？

通常，当我们拥有对生活的掌控感时，我们会更多地感受到幸福；失去掌控感也就失去了生活的目标。一个没有掌控感、没有目标感的人很难获得持续的幸福。

另外，树洞君曾经看到有这样一个关于压力的实验。研究者让一组大学生完成一系列高压力的实验任务。一些参与实验的大学生由于压力过大，已经到了精神崩溃的边缘，这时候，研究者告诉参与实验的大学生，在接下来的实验中，他们每个人的身边都会有一个按钮，一旦觉得压力过大无法承受，他们可以立即按下这个按钮，实验会马上停下来。

你猜，有多少参与者使用了这个按钮呢？

答案是：所有参与者都完成了接下来的实验，并且没有一个人使用了这个停下来的按钮。这个实验告诉我们，仅仅知道自己可以在需要时做出掌控，就足以让我们的生活更好。当这组大学生处于压力情境中的时候，使他们克服压力的并不是那个实体存在的按钮，而是这个按钮带给他们的掌控感。当他们知道自己拥有掌控感的时候，他们就拥有了更强大的精神能量。

不知道你看了上面这两个例子有什么感想。生活是需要自己去掌控的，也许寻求生活中能让你有掌控感的事物会慢慢地让你的负面情绪消融化解，比如你可以尝试着先去认清生活、学习、工作的内容，列个计划表，按重要等级排个序，然后分配好时间，哪个时间段处理哪些任务，等等。集中精力去处理每一个当下的任务，不思虑过去，也不想将来，做好当下。如此，主宰你自己的生活。

另外，有时候你所认为的一团糟是你对身边环境的评价。有一句话是这样说的，人对了，世界就对了。世间所有的事情不必外求，都在自己心里。不是世界如何，人就如何，而是人如何，世界便如何。

希望以上的回答能帮到你。如果还是觉得困惑，可以找咨询师聊一聊。

树洞主人：朱永红

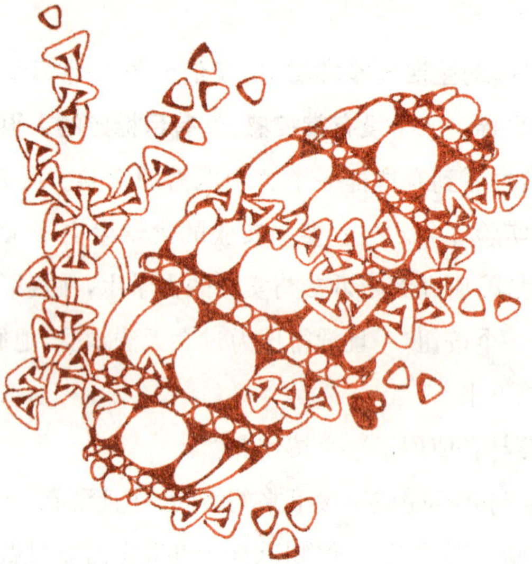

5.12 悲伤时为何我会笑？

树洞来信

我在描述一个很伤心的问题时，表情却是微笑的。比如，和朋友聊起我与男朋友分手的时候，内心很难受，脸上却一直面带微笑，直到朋友提醒我——你嘴里说伤心，我看你脸上是笑意呀。

微笑的悲伤者

树洞回信

微笑的悲伤者，你好！

一般来说，我们会用笑表达开心，用哭表达难过。但不知道为什么，我们在不知不觉中变换了这样的表达方式，变成用微笑“表达”伤心。的确，有时候我们会微笑着表述某件伤心之事，有时候我们也会为某件事高兴得流泪哭泣。是啊，我们人类真的很奇妙，会有那么多的表情包……

对于这类现象，我们可以从不同的角度来解读。

古人云：“悲极则喜，喜极而悲”，这是一种解释。而心理学方面，我们可以从“心理防御机制”的角度来探究。

所谓心理防御机制，是自我的一种缓解焦虑的防卫功能。通俗来讲，就是当我们的内心有矛盾和冲突时，我们会感到痛苦和焦虑，为了缓和焦虑，消除痛苦，我们

在不知不觉中，以某种方式调整冲突，减轻痛苦，帮助自己度过心理难关。心理防御机制有很多表现形式，树洞君曾在网上看过一个小狐狸的故事，来简单讲一下。

一只小狐狸路过一个葡萄园，看到葡萄架上结了一串串饱满而晶莹剔透的葡萄，它口水流了一地……最后，它擦了擦口水，发出了感叹：美好的事物有时候总是离我们那么远，这样有一段距离，让自己留有一点幻想又有什么不好呢？于是它诗兴大发，一本诗集从此诞生了。

这只小狐狸的行为，在心理学上我们称之为“置换作用”，即用一种精神宣泄去代替另一种精神宣泄。也是一种“升华”。弗洛伊德认为，许多伟大艺术家的艺术创作，就是将精神方面的能量转至创造力的行为。

如你所说，当你和朋友聊起与男朋友分手的时候，内心很难受，树洞君感觉，你对那段关系还未放下，心里还有一些未解开的结，即矛盾和冲突，因此才会感到难受和痛苦。但是，也许是为了不让自己的友人担心，或者为了让自己看起来还好，还比较坚强，不愿让别人看到你的痛苦和悲伤，不想让朋友以为自己因为分手这件事而受到很大的影响，抑或其他……当你和朋友提及或谈论分手这件事时，你不知不觉就面带微笑。这有点类似防御机制中的“压抑”和“反向形成”，即把一些令人痛苦的想法或感觉排除在意识之外，然后用相反的方式表现。这样就可以让我们的心里好受一些，缓解了一部分的痛苦体验，可以保护自己不去过多地感受内心的悲伤。如果不笑，可能就无法掩盖住这段经历带给自己的受伤、愤怒、失望甚至更强烈的情绪。而如果真的允许自己这样去感受如此沉重的情绪，有可能我们又会被淹没而感到失控，继而用微笑让伤心表现得在可控范围内。此时的微笑，也可能是你保持形象的方式之一，让自己不那么尴尬，假装自己还可以，没有什么大不了的。分享是需要勇气的，特别是分享一些不好的经历时，有时我们甚至会为此有羞耻感。

又或者，你可能在一个不鼓励弱势情绪表达，或表达负面情绪是不安全的家庭环境里长大，于是习惯性地会用微笑来掩盖内心的脆弱。当痛苦的经历在一个家庭中被轻视，或者有一种潜规则表明，某些感觉是不可接受时，家庭成员就会失去掌握这些情绪的充分和恰当表达的能力。

人们往往认为“笑比哭好”“笑一笑十年少”。毋庸置疑，微笑是有魔力的，有这么一句话“用微笑把痛苦埋葬，才能看到希望的阳光”。微笑能带来春天般温馨的气息，融化内心的悲伤，让我们更好地面对未来美好生活的挑战。

然而，想哭的时候还是要哭出来的。适当的哭一哭，可以宣泄内心的情绪，可以带来意想不到的功效。通常情况下，当我们感到特别糟糕的时候，痛哭一场后，内心积压的情绪就会宣泄出来，之后也就没有那么难过了；哭还可以缓解情绪，释放压力。不哭的人往往要比哭的人承受更多的压力。哭，反倒可以释放内心，使人神志畅然。

哭，对人的心理起着一种有效的保护作用。有研究表明，哭泣时，某些对人体有害的生物活性物质会随着泪液排出体外，从而有效降低了有害物质的浓度，缓解了紧张情绪。这就是为什么哭后，感觉比哭前好了许多，有害物质的排出，也起到了“排毒养颜”之功效。

当然，物极必反，笑也好，哭也罢，适量就好。

欢迎你来与咨询师进行更深刻的探讨。

树洞主人：徐云玉

5.13 被人偷了东西的我，最终去偷了别人的东西

树洞来信

最近发生了一些不好的事情，不知道可以找谁倾诉，所以就来了。感觉自己真的是一个报复心很重的人。可能是受到原生家庭的影响，自从我很多年前失去了生命中一样很重要的东西之后，我就发誓一定要加倍从那个抢我东西的人身上要回来，我必须要让他付出更多代价。不知道是不是这种心理作祟。事情是这样的：在寝室楼里，我们会把自己买的一些牛奶、酸奶和水果放冰箱，可是总有那么一些人会偷拿别人的东西吃。我放在冰箱的东西被偷了太多次，心里很气愤，这种怒火积压得越来越多。上周逛超市的时候买了自己最爱吃的酸奶放冰箱，又被偷了，一气之下我偷拿了同学遗忘在盥洗室的一卡通，然后去学校超市买了东西，同学发现之后查询了一卡通的消费记录，在群里说要去调监控抓小偷。我很害怕，找同学承认了错误，祈求对方原谅，同学说了没事，希望我以后摆正心态去生活。我不知道自己为什么会做这样的事情，自己心里明白这样的行为是不对的，可是还是鬼迷心窍地做了，事后又十分后悔，不明白应该怎么解决这种问题，也很担心这样的心理会影响自己之后的生活，希望老师能给我一些帮助，谢谢！

激进的小羊驼

树洞回信

激进的小羊驼,你好!

你的名字好有深意啊。羊驼看上去通常是温顺而乖巧可爱的,但没想到还有激进愤俗的一面。

第一,树洞君不太肯定你对自己"报复心很重"的猜想,更愿意把你这些做法看成是自我保护、不甘屈辱、追求公平等,里面有合理抗争的部分,当然也有过了头的愤怒、担心和害怕等负面情绪的鬼使神差。不了解那些负面情绪的想法恐怕就很难理性作为。

第二,树洞君想邀请你看看那些情绪背后的真正想法:当时的心情是什么?有生气吗?有害怕吗?有难过吗?有委屈吗?

生气是不是因为想到:为什么会有这样的人?!为什么这样的事情总发生在我的身上?!我就那么好欺负吗?为什么这些人总在占小便宜却一直不被发现?!

害怕是不是因为想到:这样的事情会一直发生在我身上吗?我真的只有懦弱地束手待毙吗?我怎么才能让自己更安心一点呢?难过是不是因为想到过去一些无力抗争、逆来顺受的痛苦经验?是否还有委屈的情绪,委屈又来自什么?

听听这些情绪的诉求,然后看看有没有其他的方法来争取公平和骨气。树洞君很欣赏你对同学道歉的做法,道歉需要勇气,很不容易。而对于你自己的东西被偷拿,是不是未来也可以学一学这位同学的做法,去查找真相,一平胸中愤懑,或是找人诉说,哪怕只是抱怨出来也好,而不是自己默默忍受被人偷东西的气愤,这样憋着很可能越来越伤自己,想法变得极端。而且大学里最好的资源就是让你看看不同人的不同做法,扩展自己行为和想法的可能性,开阔眼界,成长自我。

第三,学习建立情绪高涨时的边界守护能力。要做到这点,除了接受教训告诉自己法律或伦理的底线绝对不能突破之外,更重要的是随时随地保持觉察能力。比如你提到的是不是原生家庭的影响,这就是一种觉察和反思。**觉察就是不把自己所有的行为看成必然结果或理所当然,进行用心的自我观察和基于观察之上的反思,不轻易给自己的错误找托词,积极预防未来可能的失误。**是你受原生家庭的影响太多吗?有可能,但你得到的影响不一定是产生报复心,而是一种要保护好自己的警惕心。这是一种对"需求"的表达,可以试着将批评自己"报复心重"转化为"我要积极地找方法来保护自己不受欺辱""万一受到不公平对待时,除了简单地以牙还牙、以眼还眼以外,我还可以用哪些方法来保护自己,争取公平?""我的家人以前的那些方法是很有局限性的,看上去很有风险。"

如此这番,**守住底线的边界+随时随地的自我觉察+觉察后反思自己的需求+开放性的拓展解决方法,相信"激进的小羊驼"会慢慢地去掉那些激进的想法和做法(激进也很伤自己啊)。**这些激进也有要帮助自己的心意,只是方法简单粗暴了些,还可以有更多高级的方法,既坚守底线规则,不去做或很少做连自己都后悔、费解、鄙视的事情,又能回应自己心底的重要需求,不会单纯压抑自己来勉强遵守规则,心不甘情不愿的内心冲突最容易搞出南辕北辙的乌龙。

树洞主人:姚玉红

5.14 用皮肤的疼痛来控制糟糕的情绪

树洞来信

我有时候心情很糟糕，很生气或者很想哭，但又不想表现出来或者想及时刹车，那时我就会用疼痛来制止自己，比如用钥匙划自己，但能控制住程度，次数也不多。这样的事很难与人分享，别人不会理解，甚至会觉得非常奇怪。

我有个比较能聊人生的朋友，也得了抑郁症，很多事都不能跟他讲，更不要说我这种事了。他情绪低落的时候和我讲的事也很影响我。一开始只有心疼他，后来我会跟他说，有些事情不用这样，结果一回头他又去犯傻。他一会儿很沮丧，一会儿又很亢奋，弄得我现在也很心累，但又不可能丢下他不管，毕竟是很要好的哥们儿。因为他的这种情绪变化，现在很多事情和过去不一样了，我对待他也是小心翼翼，不敢否决他的想法，尽可能去陪着他。但我专业学习很忙很累，而他已经休学了。我想知道怎么样让他尽快好起来，我觉得我会撑不住。

默默

树洞回信

默默，你好！

就像你的网名一样，你默默地支持着情绪低落的朋友，尽管有时候自己的心情很糟糕，学习很紧张，但你还会用心去安慰、陪伴他，直到快把自己累趴下。树洞君感觉你在与对方的抑郁情绪和自己的学业压力的角力中，几近失衡。尽管如此，你首先考虑的还是怎样让朋友尽快好起来。

人的心情或情绪就像流动的水，有波峰波谷，没有谁的心情可以长期平静如止水或兴奋如夺冠。如果情绪低落保持在一定的时间范围或一定的强烈程度下，应该属于正常情况。

心情不爽时，哭，能使强烈的情绪得到宣泄或释放，缓解部分压力，但你好像不允许自己这样做，代替以伤害自己身体的疼痛来及时刹车。用皮肤的疼痛来控制糟糕的情绪，这固然是你应对痛苦心情的一个措施，树洞君能够理解仿佛在一些时候你走入了一个死胡同，一腔憋闷梗在心中没有出口。似乎身体感官的刺激能让你暂时转移心理上的疼痛，或者使自己变得清醒。树洞君很心疼你。然而，这种方式看似短时有效，但长远看对你的伤害也可能是巨大的。**树洞君担心，有可能你对皮肤疼痛的耐受力会提高，这时你需要不断增强划伤的程度才能达到缓解情绪的效果；或者在某些危机事件发生而刺激你进入一个冲动的应激反应时，你难以很好地掌握划伤的力度，产生不可逆的后果。因此，树洞君不赞成将皮肤的疼痛当作舒缓情绪的办法。**

那么我们能有什么其他的办法吗？

1. 向值得信任的人诉说你的心情

情绪的存在其实在表达你难以用语言描述的感受，当语言和情绪这两个表达方式都受阻时，尤其是自身限制了对愤怒、悲伤等负性情绪的表达时，可能会造成更大的麻烦。事实上，适切地表达情绪、情感，恰恰是一个人成熟的标志之一。

有人倾听是一剂良药，意味着你并不孤独，在你最需要的时候，有人关心和支持着你。其实你已经在为朋友做类似的事，你应该比别人更能理解和朋友在一起对于困局中那个人的意义。**你要相信既然你愿意倾听朋友的烦恼，这世上也一定有人愿意倾听你的烦恼。**

2. 增加你的生活内容

如果你有兴趣爱好团体，通过参加活动也许可以获得理解问题的新角度或解决问题的新方法。体育运动同样是很好的选择，一方面它能赋予你身体上的能量；

另一方面它也会增加你的自信心，因为能够去运动本身就已证明你在逐渐变成一个精力充沛的人。当然，如果你愿意到学校心理咨询中心寻求专业帮助，敞开心扉地谈谈当前面临的困难，也是很好的。毕竟人需要在新的关系体验中获得成长。

3. 思考你与这位朋友的互动关系

树洞君从你对待抑郁症朋友的过程中看到了你的善良和韧性。首先，你是一个富有同情心和责任感的青年。在自己状态不良的情况下，你还能够说，“我不能丢下他不管”“想知道怎么样让他尽快好起来”，对朋友的这种关心和照顾所体现出来的精神和情谊是难能可贵的。没有你这样的陪伴，也许他的状况会更糟糕。其次，你努力地平衡学业压力和处理朋友情绪之间的关系，尽管你学业挺忙，时间安排挺紧，但你还是尽其所能来关心朋友。再次，你尝试了很多办法来安抚和帮助你的朋友，“对待他小心翼翼，不否决他的想法，尽可能去陪着他”，你对他的情绪充满用心的理解和接纳，所以你们俩能成为“很要好的哥们”不是偶然，是你用心呵护的结果。

也许正是你的这份责任心加重了你本来就不小的压力。通常，很多心理困惑或问题，即便表面上看是关乎个人议题的，内核多半与人际有关，从人际关系入手是解决途径之一。**你的故事似乎也在说明另一个道理，没有安顿好自己，是很难有效帮助别人的。**在目前的情况下，树洞君觉得你首先要照顾好自己，投入到正常学习、生活中，让自己诸事有序，才更有精力和耐心去帮助朋友。

不过你的故事引发一个很重要的话题，那就是如何在帮助朋友的同时，自己的情绪可以少受他不良情绪的影响。建议是，首先，尽量分清什么情绪是自己的，什么情绪是朋友带给你的，这便于你分级处理，实施有效干预。其次，要善于发现周围有没有可利用的资源，你朋友的亲人、朋友、兴趣爱好等，使他也能从别处得到健康的营养，降低他对你的依赖。再次，你也应该学会释然，不要过多背负朋友的人生，只要你为朋友尽力了，把事情的发展交给命运。如果可能，在朋友的情绪稳定时，心平气和地与他谈谈你的难处、痛苦和无力感。也让他明白他的情绪波动不只与他自己有关。

顺便说一下，医学诊断的抑郁症有生物学基础，需要专业的医生给予诊断和治疗。根据《中国精神障碍分类与诊断标准》2012年第3版（CCMD-3），若情绪低落符合抑郁发作诊断标准，持续时间超过两周，就有可能被诊断为患有抑郁症。朋友的关心、劝慰和情感支持固然非常重要，但药物治疗是基础。如果你的朋友是被医院明确诊断为抑郁症，对那个朋友最有效的应该是劝他继续接受医生帮助，同时做心理咨询配合治疗。当然，你的支持和帮助对他同等重要。

最后，希望你和你的朋友能够建立积极、乐观的生活态度，提高情绪管理技能，为情绪的洪流找到安全出口。

祝一切安好！

树洞主人：沈红心

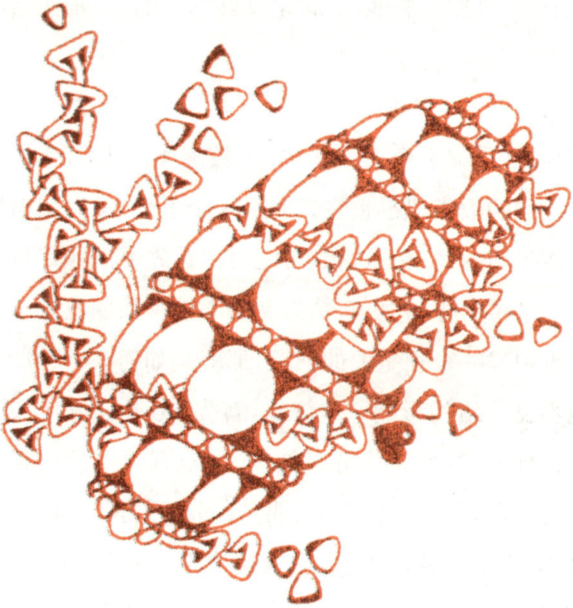

5.15 夜已深，谁是不眠人？

树洞来信

不知道是不是大学太轻松了，过去好像从没认为睡觉是一件难事，但是进入大学之后发现入眠变得很难。每次睡觉都不是真的困，而是感觉到了应该睡觉的时间。每次躺在床上，都期望着安然入眠的那一刻，但每次就像在等待一个人一样，我总会在遥遥无期的等待中变得厌烦，会在让自己渐渐变得平静的过程中感觉自己就像在走一条漫长的路，已经走了很长但仍没有效果，因而变得不耐烦，接着是对自己当时状态感到厌烦不舒服。并且每到这个时候，我就会产生很长时间的内心独白，脑子里出现自己对过去一些事的看法，思考自己为什么会有这些看法，也会浮现出自己对一些事一些人的厌恶，或者一些感伤的思考，同时我的身体又想极力摆脱那种单调持久且没有结果（没能睡着）的状态。

春眠睡不着

树洞回信

春眠睡不着，你好！

读着你长长的句子，树洞君似乎也感受到弥漫在你心中的焦虑和烦躁。漫漫长夜，辗转反侧，纷繁的往事如潮水般向你涌来，各种感受和想法交缠在一起。越想睡，越睡不着；越看重，越不安。身体逐渐感到困倦，神经却依旧兴奋得无法入眠。

饿了要吃，渴了要喝，困了要睡，睡眠原本是人的基本生理需求。然而，不知从何时开始，失眠变成一个全球难题。**睡一睡马上惊醒、太早醒、无法入睡，是目前在医学上定义的失眠的三个主要症状。根据《2017年中国网民失眠地图》的数据，成年人中约31.84%的人受到失眠的困扰。**

不过从你说的情况来看，目前尚不能诊断为失眠。但你已经在体验一些失眠的症状了。树洞君愿意从你提供的一些线索入手，试着和你一起寻找一下难以自然入睡的原因。

你信中的第一句话是："不知道是不是大学太轻松了。"树洞君猜，你是大一新生吧。**通常说来，我们去到一个新环境时，当地的气候、饮食，寝室的寝具和空间摆设，新室友的融洽程度等，都会多多少少影响我们的睡眠。这个适应过程因人而异，从几天到几个月都有可能。**你说原来睡眠很好，那最近你生活中最大的改变是来到大学吗？或许环境改变，是你难以入睡的重要原因。不知在寒假里，你回到家里时睡得很好吗，还是依旧难以入睡？此外，你说"大学轻松"，这让树洞君有些惊讶。通常说来，同济大学是国内一流的大学，课业设计让大多数同学感到有压力，而你却能感到轻松，你上的是什么专业呢？除了环境和学业压力，让更多同学感到不适应的是：到了大学后，**所有的时间安排要靠自己，没有老师和家长跟在身后提醒和催促，就好像少了闹钟。**大学里的很多专业还有一个特点：上课一会会，作业做断肠。很多专业资料，需要自己去图书馆和网络寻找、筛选和总结。当你说你能轻松应对时，树洞君不禁有些好奇，你是怎么做到的？如果能跟其他新同学分享一下你的经验，或许会收到一堆崇拜呢。

然而，听上去，你对自己目前的轻松状态有些不喜欢，甚至有些焦虑。**是不是对你来说，不知从何时起，如果感到轻松，就会让你觉得是在浪费时间？**你过去的学习经验是怎样的呢？你想象的大学生活又是怎样的呢？这两者的差异大吗？

接着，你说"每次睡觉都不是真的困，而是感觉到了应该睡觉的时间"。不知你每天起床时，是常常"睡不醒"呢，还是精神焕发？如果是后者，有可能你需要的睡眠时间确实比一般人少，在学校规定的上床时间你精力还旺盛着。只要你自己觉得精力一直充沛，那么恭喜你，你有了成功人士必备的要素：好体力。**如果是这种情况的话，你可以考虑再晚点上床，白天充分进行各种体力和脑力活动，特别是体育锻炼，让身体好好累上一把，也能提升夜晚的睡眠质量。**

每个人的睡眠需求不一样，学校由于要照顾到大多数同学的作息，会有建议上床的时间，但是你可以了解自己的身体规律，来做一些调整。

抛开以上生理因素，**从心理学层面来看，入睡困难也可能是意识和潜意识的冲突，它可能源于不能放下的期待，也可能源于对死亡的焦虑，也可能是一种自我攻击，也可能是对一些安全关系的渴望。**在你信的最后，谈到一些自己的内心冲突，你对一些事会反复思量，有自己的看法，似乎那些看法又让你觉得自己想多了。也许你的心里有一些互相冲突的观点，而这些观点的形成，与你如何被养育长大、如何看待自己有关，牵涉到很多深层的情结。

如果你自己进行一段时间的调节后，入睡情况没有好转，可以到咨询中心来预约咨询。让这里的心理咨询师陪你一起去找到、理解和消除这些冲突。

树洞主人：袁敏

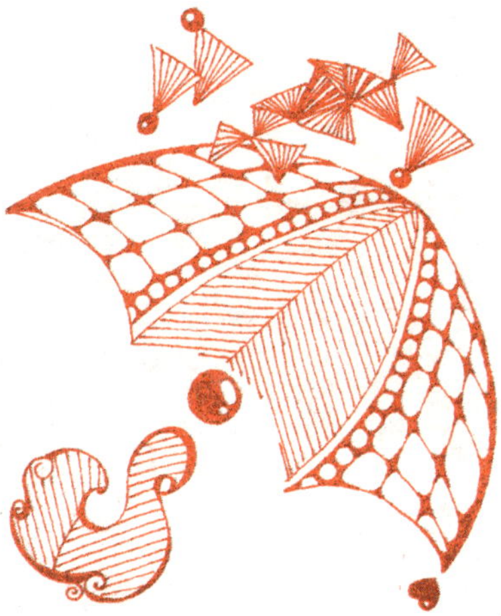

6.

人际与孤独

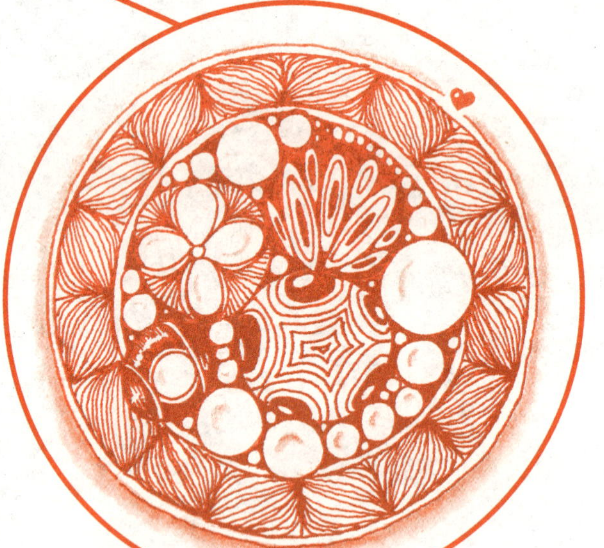

6.1 不会独处

树洞来信

独处让我战战兢兢，已经不会独处了。原本自己一个人想去哪就去哪是非常自由自在的，但是心里却高度紧张、战战兢兢的。

不知道如何独处的我

树洞回信

不知道如何独处的同学，你好！

读着你的文字，非常简短，只有3句话，却激发了树洞君很多的思绪：独处、孤单、孤独、自由、生命的意义，这些词一个接一个地蹦出来……树洞君还想起了一句歌词“孤单是一个人的狂欢，狂欢是一群人的孤单”，想起了欧文·亚隆的著作《存在主义心理治疗》，甚至还浮现出了一头孤独的狼的画面……独处，是人类永恒存在的一个议题！

当我们在讲独处的时候，我们都知道我们讲的并不是一个人生活这样的表象，而是在表达我们精神世界的一种体验和感受。

似乎你原本是可以独处的，曾经享受过“自己一个人想去哪就去哪的自由自在”，但不知道发生了什么、不知道怎么回事，现在你内心真实的体验却是“高度紧张战战兢兢”，似乎从一匹充满力量的独狼变成了一只哆哆嗦嗦的小老鼠。

你的这种状况，让树洞君想起了一个来访者，她在大学时也是一个独行侠，貌似过得非常自在，知道自己要什么，大学毕业后留学他国，顺利完成了硕士学业，然后回国找了一份不错的工作。经过几年的努力，已经做到了项目经理的级别。但这一年来她却出现了很多情绪上的问题，甚至只能搬回家和父母一起生活才安心。

对此树洞君的理解或者猜测是，之前你们所呈现出来的独处能力某种程度上可能是“假的、伪装的”，或者用更学术、更准确的语言来说，是“一种防御状态”，是反向形成这个防御机制在起作用。反向形成（reaction formation）的意思是：把潜意识之中不能被接受的欲望和冲动转化为意识中的相反行为。比如明明内心真实的感受是讨厌或憎恨一个人，但这个感受不被接受、不被意识到，反而在行为上的表现是对此人十分热情和关心。

说到这里，树洞君要恭喜你！因为**虽然你现在的感受是不好的——“高度紧张战战兢兢”，但你体验到的是你内心真实的感受，而且只有体验到了，才有可能去了解自己真实的内心世界，才有可能去面对这个部分，改变才有可能发生！觉察是改变的第一步。**

恭喜你，你迈出了改变的第一步！当然，这种对自己内心体验的探索，要进行比较长时间的咨询。

关于独处，有很多哲学、心理学、人类学和社会学等方面的讨论。在心理咨询这个领域，独处这个心理机制或者说心理能力是如何发展的，也引起了很多心理学家的思考。在这些思考之中，树洞君觉得温尼科特（D. W. Winnicott，1896—1971）的理论给人很多启发。

温尼科特在1957年英国精神分析协会科学会议上宣读了他的文章《独处的能力》，他提出的独处是一种心理机制，标志着个体心理上的成熟程度，或者说是一种心理能力，独处与物理空间上是否是一个人没有关系。很有意思的是，温尼科特的观点一眼看上去似一个悖论。他提出，首先是在母亲“在场”的情况下婴幼儿进行独处，这是婴儿能够发展和建立“独处能力”的最重要的体验之一。也就是说，婴儿要不断有这样大量的“安全性”的独处体验，他们才能建立这样独处的能力。“母亲在场”不只意味着在物理空间上母亲和婴儿待在一起。我们常常看到，很多时候母亲确实是待在婴儿身边，但实际上母亲却是缺席的。比如说，母亲一边抱着婴儿喂奶一边拿着手机刷朋友圈，母亲的注意力关注着她自己的活动，而没有关注婴儿及其一些感受。此时如果母亲没有看手机，而是从旁保护和观察着婴儿的话，你会发现，婴儿在吃奶或玩耍的过程中会有很多互动性的表情和身体变化，这样的互动过程是婴儿需要的，这时婴儿才能感觉到母亲在认同自己。这时候，母亲才是在场的。

由此看来，**独处是从被关注、安全地与人相处中发展而来的。**或许当一个人能把一个爱的客体装进自己心里的时候，他才能真正地独处。

最后，树洞君还想给你推荐一本书，这是树洞君很喜欢的一本书，有点类似于《小王子》这样的成年人童话，书名是《为自己出征》，这书是罗伯特·费希尔(Robert Fisher)探索生命本质的代表作品。

生命不仅仅是一个发现的过程，还可以成为一个创造的过程，为自己出征，脱下沉重的盔甲，做回真正的自己吧！

树洞主人：殷芳

6.2 为什么找不到大学里的灵魂好友？

树洞来信

在大学一直都没有找到要好的朋友。和舍友关系很好但不是非常契合的灵魂好友，感觉上了大学两个月好孤独啊。好朋友都在各地，也没办法一起玩，现在连想倾诉的人都没有。有玩得好的男孩子，但是我也想要闺蜜啊，好失败啊！以前都是我开导别人，现在居然在寻求帮助。

灵魂收音机

树洞回信

灵魂收音机，你好！

首先请允许树洞君说一句不太合适的话：恭喜你。

恭喜？明明现状有些孤独，感觉常常有点憋闷，何喜之有呢？恭喜你，因为你到了人生一个新阶段，一个不太熟悉的挑战阶段，以前都是你开导别人，现在你也有解决不了的问题，需要求助。树洞君从这里看到你的开放和灵活。谁说优秀的人不能求助呢？国家主席还有个智囊团呢。

话虽这么说，但这种新的情况确实感觉不好受。以前你肯定有不少好朋友，一直习惯于很快找到志同道合、可以互相陪伴的好同学、好朋友，甚至“灵魂好友”，现在入学都两个月还是经常有孤独感。这种感觉又陌生又难过，都快要让人产生自我怀疑了:我怎么了?同学怎么和以前这么不同?大学怎么这样子?是我的问题还是别人或环境的问题?树洞君猜可能你也试了不少方法去做调整,但可能效果都没你希望的那么理想。那么在这些挫败和丧气之下还没有完全放弃,还能想到求助,为你这种不放弃解决问题的坚持手动点赞!

树洞君想和你谈两个问题。第一,两个月的适应期树洞君觉得并不算太长,环境真的很不一样。适应的关键字看上去只有两个:上海、大学,但其实内涵很丰富很有挑战。上海的文化比传统意义上的东方文化要更独立自主些,集体氛围偏淡一些,上海的信息资源也非常多,变化的压力也非常大,上海的语言和饮食都很不一样,等等;大学和高中的不同也很多,所有这些变化确实需要你扩展更多与时俱进的心态和能力,好比你以前都走旱路,健步如飞,但没料到打个胜仗开阔新领域后,发现到了水路,那就得逼着自己学游泳或者找船啊。这个过程有很多全新的挑战和体验,可能郁闷、困惑、自我怀疑、生气等等五味杂陈的感觉都在等待着优秀的你,不比学业的压力小。希望你能再给自己多一点时间,再多熟悉下环境,再多开放些求助他人,再多一些对失败的分析,再多一些厚脸皮的尝试。这是很不容易的过程,但如果过了这一关,你就可以水陆跨界啦。

第二,大学里的灵魂好友怎么找?上一条说了那么多,可以理解为三个字:慢慢找。六个字的话呢,就是:慢慢找别着急。除了给自己多一点时间来找灵魂好友之外,还有什么别的诀窍吗?

传授诀窍之前,我们先定义下什么是灵魂好友吧?soulmate、知己或是知音?看得出你是个追求朋友质量的人,而且对不同的朋友有灵活的期待,泛泛之交到灵魂好友,闺蜜到男性好友,你好像都有不同的档夹,特点清晰,用途各异。

朋友确实有很多不同类型,不管我们对灵魂好友的定义是否相同,但应该都是指能说真心话、志趣相投、互相理解、互相支持,人际安全感特别强的稀缺品种。同时,这样的高质量友谊可以帮助我们透过别人的眼睛更清楚自己是怎样的人,因为我们在 Ta 面前敢于暴露真实完整的自己,更少恐惧,更多对己对人的包容,更多感受自由和温情。是这样吗?

心理学上有个“关系金字塔”理论(图 1),一级一级的上升金字塔说明友谊可以逐步深化,那种靠心有灵犀的“确认过眼神就是对的人”的默契友谊是特别幸运且不可控的事情，我们可以不断尝试选择合适的时空、合适的方式来与人分享彼此，在此尝试过程中还要在开放自我的同时适当保留一些需要隐藏的自我。**分享后得到的反馈如果很积极，那就再升一级，如果没反馈或反馈很消极或一般，那层级可能就要暂时停滞不前，甚至倒退一层了。**

图 1　关系金字塔

金字塔的第一层告诉我们友谊可以开始于没有实质内容分享的寒暄：天热啊，天冷啊，吃了吗？混了个脸熟之后开始有机会驻足交谈，开始信息交流：哪位老师更严厉？哪门选修课更有趣？哪位发型师更酷？彼此信息交流的过程中会发现别人和我们的共同性，从简单的"物理空间在一起"到"心灵交汇"，共同性通过引导别人关注自己关注的事物来分享内心体会，由此参与到一种新的关系形式之中——分享共同性。

不同层次的共同性含义也有不同。分享思考和情绪情感层级开始，标志着共享层面的深入，男性更多擅长思考层面，而女性更擅长情感层面，这两者其实也很难截然分开。这里值得体会的是，情感层面的共享更加私人化，特别是脆弱的情感，分享自己的想法观点还可以与自己的内心无关，但情绪情感一定是个体性的，仿佛把朋友从客厅引入了卧室的进阶。

分享共同性的进一步升级必然是愿意多待在一起，共度某段时光，分享喜怒哀愁。男生最多的回忆是带有强烈情绪体验的共同活动，比如冒险猎奇的“一起找乐子”“干坏事”，女生则更常提到长时间的共同活动和谈话这两种形式，“一起逛街买东西吃东西”“彻夜长谈”，男生更注重友谊的“质”，女生更注重友谊的“质”和“量”，在一起的“连续性”对女生而言也很重要。

“分享我所是”是友谊的最高阶，应该就是你说的“灵魂好友”了，双方即使在一起什么都不做也很舒服自然，彼此的优点缺点都了然于胸又全盘包容，别人甚至自己都嫌弃的“缺点”对方却能安之若素。“你不嫌弃我吗?”“就你整个人来讲，我很欣赏。就某些事情来讲，我的做法会与你不一样，但到底怎么做是你的选择，肯定有你的理由，我都支持。”切忌好朋友就一定要相互改变，督促改善，那是没有自由空间的友谊，共同性的要求过多以至于没有自我空间，容易对彼此失望，有可能在走向灵魂好友的路上就因为某种失望或挫折而半途折返了。不管是哪个级别的好朋友，如图 2 中的状态 2 应该是最理想的状态，既有交集，也彼此独立。状态 1 过于疏离冷漠，状态 3 过于亲密粘连，不适合大学生这样的年龄阶段。

图 2　共同性重合程度示意图

最后一句话：**暂时还没找到灵魂好友不是失败，而是新生活新阶段的新挑战，因为暂时还没有，并不是一直都不会有。愿你始终如今日一般渴望、重视和寻求灵魂好友。**

树洞主人：姚玉红

6.3 被动的人可以善于社交吗？

树洞来信

我是一个很被动的人，融入一个新的集体很慢很慢，看着周围的人都打成一片，而我还是一个人，我真的好羡慕，我甚至思考过自己是不是有社交恐惧症。刚刚听说一个同班同学十分优秀，把人际关系处理得很好，包括和同学、学长学姐、老师、导师等，她还参加了很多社团，并有很强的组织能力和领导能力。我真的好羡慕，也想做一个这样优秀的人，但是自己不知道怎么和老师、不熟的人打开话题，感到很苦恼。

一个被动社交患者

树洞回信

一个被动社交患者，你好！

你提了一个很有意思的问题，被动的人可以善于社交吗？在很多人眼里，善于社交对应的特质是活泼、生动、有趣、健谈，而被动对应的是宅、木讷、退缩、沉默；然而答案竟然是肯定的，被动的人可以善于社交。

俗话说：花若盛开，蝴蝶自来。被动是一种存在方式，而善于社交，是一种可以培养的能力。所以，被动的人是可以善于社交的。

树洞君好奇的是，尽管你心里很渴望尽快找到新朋友，融入新圈子，但是你外在的表现是在陌生人面前感到拘谨，不太说话，**你常常变成人群的观察者，而非参与者。**你的需求和你的行为何以有这么大的区别呢？你是一个人，不是一朵花，为何你像花朵那样安静，等着蝴蝶来发现你的美？

也许我们需要探讨的是：**你怎么会选择了被动的社交方式？是你天性内向安静吗？还是你与人在一起时，总感到有些紧张和担心？又或许，你隐隐觉得人际关系很麻烦，很多时间不知道分寸在哪里？**可能性有很多，不知道哪个是最符合你的答案？那么在这里，树洞君先从如何建立社交关系上谈一些方法和经验。

你提到，你的难处在于不知道能和不太熟的人聊些什么。的确，**聊天是一门艺术**，它不仅需要谈话内容、技巧，也需要灵活和随机应变的部分，很难刻板地说我们今天聊些什么，而是和聊天时的语境，聊天人不同的身份，你们当时的心情等都有关系。

通常来说，想把一段不太熟的关系变得近一些，我们可以先分享一些信息，比如聊聊天气，谈谈八卦，向老师请教下专业最新的进展，和同学打听下哪个食堂的菜好吃，向师兄师姐们请教下不挂科的诀窍。信息是客观存在的，平时只要稍微留心些，不愁没有谈话内容。

另外，让树洞君告诉你一个秘密，**一个好的聊天，聊什么其实没那么重要。会聊天的人，态度上先传递着“我对你有兴趣”。**会聊天的人不怕沉默，不会在沉默中自己先尴尬起来，并且上演若干自我贬低的内心戏，要知道，轻松会传染，紧张也会传染哦。

当然，与人开聊只是第一步，当你们开始交换些信息后，**如果觉得气味相投，你可以试着和他交流一下你的一些看法和观点。**从这个层面开始，你们进入了朋友的关系。这也意味着你在冒险，你的观点可能得不到你想要的回应，甚至也可能被评判。但只有经过这样的交流，你才有可能找到意趣相投的朋友。（参见 166 页图 1）

当你说你的困难是难以开口时，树洞君也在猜想，在“难以开口”的背后，会不会也有过去的经验，告诉你，开口是不那么安全的，或者我要开口时必须是语出惊人的，说的东西必须完整流畅、无可指摘。**很多时候，难以开口的背后，也许是你过分在意他人的评价，过分需要他人的认可，过分在意自己的形象。**

此外，当你有了朋友，你还需要花时间和精力去维护这些关系，这对“内向星人”是很吃力的。牛津大学进化心理学教授罗宾·邓巴(Robin Dunbar)有一个有趣的“邓巴理论”,即一个人能够同时维系的关系,大概在150人左右,人的大脑认知能力有限,负担不了那么广泛、频繁的社交活动,不管现在社交媒体和网络多么发达,微信里加了多少好友,**一个人能够保持时常联系的上限,大约为150人。**而这150人当中,真正能跟你保持密切联系的,也就是5人左右。

所以,当树洞君看到,在你内心中想和人走近,而在现实中又不和人走近时,或许你的某一部分也在保护你,让你远离近距离人际交往可能带来的压力和麻烦。

人际关系的远近、多寡,没有定论,自己觉得舒适就好。唯一可以肯定的是,**人际关系是发生在人和人之间的,如果靠看书、听讲座或者听别人传授经验来学习,就像在岸上学游泳,始终缺了实践的部分。**你可以做的,只能是不断去尝试,去体验,直到找到适合自己的人际交流方式,你也可以考虑来咨询中心预约,先从咨询室里两个人的关系开始感受。好在你有明确的改变意愿和目标,这是最宝贵的。祝成功。

树洞主人:袁敏

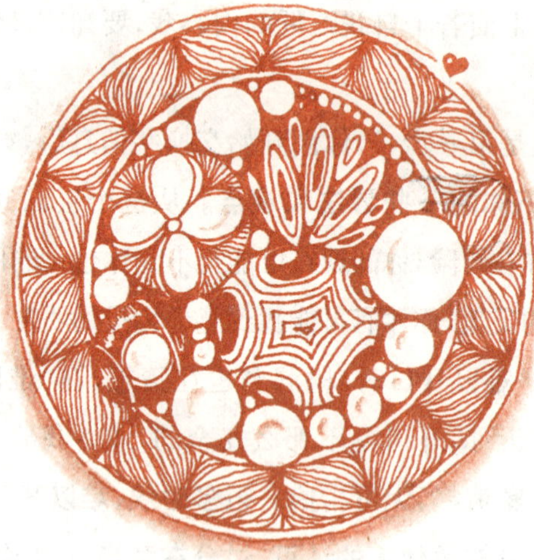

6.4 讨好型：我总是在小心翼翼地照顾别人的情绪

树洞来信

我特别害怕自己给别人造成坏的影响，把别人表现出不舒服的原因都归咎于自己，然后愧疚自责，并为此做出改变，努力让别人舒适，不给别人造成任何麻烦。具体的事件举几个例子：一、几乎不麻烦别人帮我的忙，自己做不到的事情也去逞强做，别人要求我帮忙，我尽量都做到，不想因为我而耽误别人。二、如果别人的日常生活习惯因为我而改变，例如吃饭时间、口味、睡觉时间等，我会觉得愧疚，觉得自己损害了别人，甚至有时还感觉烦躁愤怒，不知道是在责怪他人，还是责怪自己。于是改变自己的生活习惯去迎合别人的，但又觉得自己很累，于是现在就一个人吃饭、购物、上课。三、前任男友，因为选择跟我在一起，拒绝了一个女生，后来因为性格不合我们和平分手。但这时那个之前被拒绝的女生有了男朋友，我前男友也不能和她在一起了。我会觉得自己耽误了前男友，愧疚自责，总想弥补他。

谨慎的胆小鬼

树洞回信

谨慎的胆小鬼，你好！

你的问题总让我想起一群人。无论做什么事，他们都是谨小慎微的，好像有一根看不见的绳子在绑着自己。在与人交往的时候，他们一直都有一双小心翼翼的眼睛，在不停地看着别人的反应。这双眼睛像雷达一样探测着他人的态度。一发现别人不高兴了，雷达背后的警报就会被拉响。他们会不知所措，总想做点什么，让别人能够开心起来。表面上，他们的眼睛对着别人，而实际上，他们的眼睛一直对着自己。他们真正在意的，是别人会怎么看我呢？他们会觉得我是一个不通人情世故、没有分寸的讨厌的人吗？

所以你需要一个树洞。不仅是能说说心里的话，而且最好能把自己藏起来，不再跟人交往，不再麻烦别人。可是真的有这样的树洞吗？

人有时候会遇到一些奇怪的悖论。**看起来自卑的人，有时候却又是自大的。看起来友好的行为，有时候又是很有敌意的。看起来是在麻烦别人，有时候也是在帮助别人。**

比如说，你说你总是在生活中小心翼翼，害怕影响别人，恨不得把自己藏进树洞了。这是自卑的。可是你一直都觉得(也似乎从来没有怀疑过)自己的一点点动作或者语言就会对他人有很大的影响，这又是自大的。反正我不会觉得自己对我周围的人有这么大的影响。**我觉得他们的烦心事已经够多了，根本不会在乎多我一个，所以我也就放心大胆地麻烦他们了。**

再比如，**你总是小心翼翼地对待别人，总希望自己能够不给别人添麻烦，这是友好的。可是你这么小心翼翼，也是把别人放到了一个“不宽容、不友善、会用挑剔的眼光看你和评价你”的位置，这其实又是有敌意的。**也许你周围的人会想：我不是这样的人啊，你怎么冤枉好人呢！相比于被当作一个“惹不起”的人，也许他们更愿意你麻烦他们呢！

又比如，你一直在意“麻烦别人”这件事。一直为影响和麻烦到别人而感到内疚自责。可是，麻烦别人其实也是跟人产生联结的方式。有时候，我们需要被别人麻烦，来确认自己对别人是重要的、有价值的。谁不想做一个好人呢？这么说来，你麻烦别人，反而是一种帮忙，而你的不麻烦，反而变成了一种拒绝了。

是不是很绕呢？说实话，我也不太能想明白，那我到底是自卑呢，还是自大呢，是友好呢，还是敌意呢，是怕麻烦别人呢，还是在拒绝别人呢？我的办法是，既然想这些事这么费脑细胞，那我干脆就不想了。该怎么样就怎么样吧。

既然不想这些了，那又讲些什么呢？我就给你讲两个我遇到的咨询故事吧。

第一个故事是这样的：

有一个来访者，总是把事情搞砸。好好的工作，他故意犯了一个错误，结果被开除了；找了一个女朋友，他故意说了一些话，把她给气走了。每当发生这类事情的时候，旁边关心他的人都会替他着急，去帮他想办法。这让他觉得内疚，觉得麻烦了人家，但下一次还是会这样。

听了他的故事，咨询师没有跟他谈他的鲁莽，而是跟他说："你不让自己拥有一点点好东西，是因为你害怕自己哪怕拥有一点点好东西，就没有人愿意帮助你、照顾你。"这是一个故意用"坏运气"来博得他人关心的例子。

我想，你的例子刚好相反，你这么不愿意麻烦别人，或者担心被别人拒绝，是不是心里在害怕，如果我做得不够好、不完美，就不会再有人亲近我、接纳我、爱我呢？可是，你又经历了什么，让你这么害怕这件事呢？

第二个故事是这样的：

我有一个来访者，初中的时候，父母关系不好，总是吵架。她不可避免地陷入了父母的战争，经常会像裁判一样评判父母的对错。可就算这样，也没办法让他们停止争吵。而且，裁判可以置身事外，她却不能。有时候父母吵完架已经晚上两三点了，她还在床上难过得睡不着。父母虽然关系不好，却是心疼孩子的。这种时候，爸爸常常会跟她说："没关系，我和你妈妈的矛盾是我们自己的事，跟你没有关系。"

她只好扮演一个乖女儿的角色，说："嗯，我知道的。我会处理好自己的事。"

为了不让父母担心，她每天早晨六七点就起床去上自习。她当然不会跟同学说自己心里的苦恼——对每个孩子来说，家里的纠纷都是天大的秘密。在教室里，她常常打瞌睡，可是为了不让老师和同学看出自己有什么异样，她甚至不敢在课堂上趴着睡会儿。每当这时候，她就会有一种抽离的感觉，觉得一切像是在做梦，她在梦里特别孤独。

那段时间，她的成绩下降，她开始不停地责怪自己，对自己说："你怎么这么没用，连自己的心态都调整不好，你根本不用功！"

我对她说："你那时候睡眠不足，心里惦记父母的争吵，精神自然很难集中到学习上。你怎么不怪父母，而一直怪自己呢?”

她想了想，叹了口气说:“怪他们有用吗? 如果要怪他们，那我宁愿怪自己。”

是啊，**有时候宁可忍受内疚和自责，也不想承认，在一段这么重要的关系中，我们居然是无能为力的。相比于责怪自己，这种无力感更让人难以忍受。**

也许责怪自己，就是你想到的，用来掌控人际关系的办法呢。“如果我做得更好一点，也许事情就不会这样”，总好过“无论我做成什么样，事情都不会有太大变化”，是不是?

至于你那个前任男友，我实在不知道你为什么会这么想。**不过放到最后的常常是最重要的。**如果你的改变就是从分手开始，那也许这里就有你怕的原因了。至于你前男友，你实在不用担心他。虽然他因为跟你在一起，**错过了那个女生，可也许他也错过一段错误的爱，从而避免了一次失恋的痛苦。谁知道呢?** 当然如果真的想念，你也可以考虑重新跟他在一起。可是别用补偿作为理由。你需要他，这就是最好的理由。

你看，人还是不可避免地要跟别人产生联系。你不想麻烦别人，却通过树洞的留言麻烦了我。我也没有那么怕你的麻烦，因为我知道，这背后是有一种信任在的，虽然我不知道你是谁。

所以，谢谢你麻烦了我。希望对你有帮助。

树洞主人:陈海贤(特约)

6.5 人一定要喜欢社交吗？

树洞来信

我在人际交往中是一个比较被动而且有点慢热的人。上了大学之后，好像不知道怎么主动维持人际关系。现在大二了，除了舍友也没交到什么朋友，和周围人的关系是类似君子之交淡如水的感觉。慢慢地，自己习惯了这种状态，平时都是一个人行动，感觉这样很自在，不用去面对那些人际交往带来的压力和麻烦。另一方面，我现在也完全不想谈恋爱，而且可能是因为交流的人少，也没有喜欢的人，当然以前也没有过，觉得最多交个朋友就好了，谈恋爱什么的太麻烦。我自己觉得这样的状态还挺舒服的，自得其乐，也没啥改变的想法。但是老师、同学好像都觉得我太沉默寡言，不怎么和同学互动。所以我偶尔也有疑惑，这样子久了是不是不太好？毕竟人还是群居动物。现在有点纠结，不知道要怎么改变这种状态，其实也不怎么想改，但又怀疑这样是不是不太好。

独处享受者

树洞回信

独处享受者，你好！

大二的你，朋友不多，习惯了一个人行动的自在，觉得挺舒服的，自得其乐，但老师、同学的看法让你有点动摇,"这样是不是不太好""不知道要怎么改变""其实也不怎么想改""有点纠结"。一个人待着好像挺舒服的,但身边人异样的目光让你不太确定这种状态,一直以来舒服的社交模式变得有些不舒服了,又找不到另一个更理想的状态,变得有些不安,左右为难,在原本的状态中觉得不舒服却似乎跳不出来。

大二的你,已经过了18周岁生日吧?法律意义上,你已经成年了,那或许我们可以聊聊成年人的行动规则,看看能对你找到满意的社交状态产生什么样的启发。

成年人的生活,相比于孩子的世界,少了权威家长式"必须""不可以""应该"的教导,少了绝对化"好坏对错"的标准,不再只是沿着既定的发展轨迹循规蹈矩地前进。成年人在法律和规章允许的范围内拥有选择的自由,有权利决定自己的当下生活和未来人生,通过努力得到自己想要的东西。相应地,成年人要为自主选择的权力付出相应的交换代价,对选择后产生的结果承担自己的责任。**选择的前提是负责,人多大程度上能为自己的选择负责,就能多大程度上自由地选择。**

举个例子,今天有两个小时空闲,想做点什么?有人想独自在图书馆学习,得到钻研知识的乐趣和下周考试的好成绩;有人想和朋友打场球,得到运动的舒畅、与朋友互动的快乐;有人想去享用一顿顶级的大餐,体验食物的美味和发朋友圈的快感;有人愿意去做份兼职,得到报酬,积累人脉,提升工作经验值。每个人想要的东西不一样,选择就不一样,同时要付出相应的交换代价:钱、时间、精力、人情,等等。选择了这个,意味着在同一时间选不了那个。选择必然伴随着交换、代价、放弃,所以说,没有完美的选择,关键是,你想要的东西,是什么样的体验、感受、关系或者现实收益?

这就是成年人的规则,在社会普遍认可的范围内自由选择,努力,收获,并付出相应的代价去交换,享受结果的获益,并承担相应的责任。能付得起更大的交换代价,承担得了更大的责任,就能更加自由地去选择,更加自主地去获得;能付出的少,承担得少,选择的自由就小,获得的就少;付不起、承担不了,就没的选,乖乖地听别人的,别人给什么就接受什么。人在一次又一次"选择、负责、收获"的循环中不断成长,进而提升能力,逐渐强大,积淀智慧,在社会层面立身成人。

从这个意义上说,为满意的社交而纠结的同学,你在当下的人际关系状态,是之前一次又一次选择(或是放弃选择)的结果,是长期以来一点一滴逐渐聚合而成的现象。另一方面来说,没有一个状态是完美的,没有那个所谓"最舒服"的位置,也没有那个所谓"最好"的答案能告诉你达到哪个状态是极致理想的。一切选择取决于你想要什么,以及你能如何为之负责。

曾经有一位来访者,处于和你类似的状态,为理想的人际关系而烦恼。每次离开实验室时,她一方面认为自己一个人回寝室显得太不合群,另一方面又觉得和同门一起走会不自在,纠结在选择的两难之间。经过与咨询师一段时间沟通后,她的视角变得不同了:"当我想融入和同门共处聊天的状态时,就和他们一起走;当我愿意体验独处的自在时,就一个人回宿舍。如果别人投来异样的眼光,或者说几句评头论足的话,也没什么大不了的,反正还有明天从实验室回宿舍的时候,还有很多次选择的机会,没什么好纠结的嘛。"

她可以更清楚地感受到自己当下的状态,根据需要主动做出选择,承担相应的责任,并随之充分享受选择带来的收获。这样一来,她不再左右为难,而是可以坚定地做出选择,坦然接受结果。于是,她真正拥有了属于自己的生活,真正把握着自己的人生。

至此,当下纠结的你,在社交关系议题方面,**能够多大程度地为自己负责,从而多大程度上自主做出生活的选择呢?**

希望对你有所启发。祝成年的你,在选择、负责和收获中不断成长。

树洞主人:钱钧

6.6 简单的大学同学关系值得投入吗？

树洞来信

我在大学里跟很多朋友只是同学的友情，只建立在一起学习、一起吃饭、一起上课、一起讨论学校的新闻这种很单纯的关系上，可是我知道如果一个朋友没有跟我交心的话，毕业后我多半就会跟 Ta 慢慢走远变成陌生人。既然如此，那我现在为什么还要投入这么多精力来维持这份友谊呢？作为班干部，我现在甚至开始怀疑，为什么要去帮他们做这做那呢？树立形象吗？好像也不需要。我的性格本来是很关心大家的，所以这种简单的友谊很多，大家也很信任我，但是现在越来越觉得应该要自私一些。但这又与我天生比较热情的性格有冲突，我不想跟那些信任我的同学有隔阂，很痛苦。

失败的人情账计算器

树洞回信

失败的人情账计算器，你好！

树洞君从学生时代走向工作岗位，虽然还是在校园工作，但已然换了一种身份。有时候散步经过宿舍楼，看到灯火通明的窗户里影影绰绰的学生身影，也会回想自己过去的大学生活。树洞君不禁感慨好像自己错过了一些什么。回头看，才真切地感受到那是一段非常值得珍惜的时光，身边有很多共同目标的人一起上课，一起活动，晚上回宿舍还能一起闲聊，这种被框起来的人际关系在树洞君工作后越来越少见，也越发觉得珍贵。现在的树洞君会说，简单的大学同学关系值得投入，甚至好好经营。

首先，“交心”这种状态，可以说是人际关系给予的较高层次的馈赠了，并不容易。很多能够交心的关系其实也不是一蹴而就的，也就是在一起吃饭、一起上课和讨论学校新闻的单纯关系基础上，慢慢才发展出来的，对吗？我们在开始的时候其实无法很好地预测，经过几年的交往，哪些同学最后成了自己的交心好友。

其次，不同的人际关系可以满足不同的需要。除了交心，我们每个人都需要一些简单的友谊，这些简单的关系可能会让你现在的大学生活感到被信任，感到是融洽的，是有归属感的，而不是孤单的，也可能让你感觉有人能互相分享和支持，一起经历大学的时光，等等。或者在与这些不同的同学的交流中，你会见识到许多不同的人和不同的个性，也会在与他们的互动中看到和认识更丰富、更立体的自己，理解人的多样性，等等。而且与不同的人交往会锻炼自己的人际交往能力，所有这些都有其意义。

另外，**如果因为未来多半会成为陌生人而放弃现在的交往，打个不恰当的比喻，就像因为这顿吃完明天又会饿而放弃吃饭一样，是对过程的意义的一种忽视，说回来，我们还是要好好享受每一顿的饱腹感，享受每一段时光中的友谊和支持啊。**你的同学也许在未来不一定都会成为交心好朋友，可能会像你说的那样越走越远，但是这份现在一同成长的同窗关系还是很重要的，甚至是必不可少的。

然而，回到也许你更加内在的冲突上，就是“没有交心的朋友多半在未来可能会是陌生人，那么，在这些同学上投入那么多精力有什么意义”？透过你的问题，树洞君仿佛感觉到了某种模糊的对自我在关系中“得到”和“付出”间不对等的质疑，或是包含了对过去投入太多精力的自己感到的懊悔、失落或者失望等。**我们内心的确有一杆类似天平一样的东西在计算自己的“得”与“失”，关系中的“付出”和“得到”更是微妙，难以计算。**更进一步的，你也许十分渴望建立真正交心的友谊，而现实让你有些失望吗？树洞君不太确定你的感受是怎么样的。

人的精力的确是有限的，根据“邓巴数字”理论，人的大脑提供的认知能力只能使一个人维持与大约150人的稳定人际关系（详见6.3节）。这也提醒我们在交往同学、朋友的时候，不可能做到和任何人的关系都很近，能在不同的人生阶段，长期维持几位好朋友一直走下去已经是很大一笔财富了。

另外，还需要进一步讨论的是，你感到不值的“太多精力”具体是什么？“帮他们做这做那”又是指什么呢？让这个问题变得有些复杂的一点是，你还有一个班干部的身份。要知道这个身份本身就会赋予你很多服务同学的工作，如果你指的“太多精力”是与这个身份相关的工作。那么可能你想问的是“为什么自己要投入精力担任班干部”？这就是不同的话题了。

树洞主人：章秀明

6.7 过分依赖：心情不好就想找人说说

树洞来信

感觉自己有挺多问题的，依赖就是个很大的问题。我总是有点儿芝麻大小的事，有点儿心情不好就想找人说说，而不是自己去消化，总是在麻烦别人听自己抱怨。感觉一有事，第一反应就是问别人，而不是自己去解决。有想过不要去依靠任何人，自己来处理这些问题和情绪，算是努力过，就安静地自己处理，但现在感觉依旧没有很好的效果，每次都会很想找人说说。我也觉得找谁说都很麻烦很不合适，只能压着自己消化，心里又会莫名不适好一段时间。别人都能做好的事为什么到了我这里就做不好，想找到一个方法让自己独立起来，不要依赖，不要再有想要找人依靠的想法。

依赖的小牛

树洞回信

依赖的小牛，你好！

当你这么问的时候，很明显你已经在独立思考了，为自己的成长，迈开步子，勇敢前行。当然，路途艰难，就像我们每个人的成长道路各有各的难处，各有各的不容易。

在你提问的开篇，看到你说自己似乎还有很多其他问题，只不过“依赖”是个突出的大问题。树洞君想象你可能是一个对自己要求很高，各方面都力求完美的人，如果没做好什么事情，就会对自己心生不满。一方面体会到你急于解决问题的迫切心情；另一方面又感到你有一些害羞，有一些担心，小心翼翼，害怕别人会小看自己。时间久了，这些积攒的矛盾情绪就会让我们产生心理压力。

依赖就代表不独立吗？不去依赖就算是独立了吗？这两个饶舌的问题让我们再多点思考，多点探索。

大学阶段的我们，年龄上正处于青春期后期，朝着成人期前期在发展。随着社会化的过程，思维与意识日渐成熟，各方面的能力也在渐长，确实到了一个与原生家庭亲密关系分化的季节，“分化与自主”的心理冲突开始显现出来。逐渐想要确立一些自己的心理边界，想要与过去的一些人、一些事划开界限，以表示自己能为自己做主。以前我们需要家人更多的呵护，现在我们有更多走向外面世界的渴求。情感与行为需要独立，经济需要独立，空间需要独立。但是，任何事情的成功都不是一蹴而就的，人也不是一天就长大了的。**虽然我们过了 18 岁成人仪式，昨天 17 岁，早上一睁眼今天 18 岁了，但并不是说，昨天未成年的我们今天就已经成长为一个真正的成年人，也不是说马上就要去担当所有成年人的责任。我们变得成熟，也是一个慢慢变化的过程，当羽翼渐丰，能力渐长，自然就会减少对他人的依赖。**

我们可能还要学会在更多方面接纳自己。我们在成长的道路上有时会遇到困难，手足无措，变得迷茫，在情感与行为上退回到小孩子的状态，变得退缩。不要怕，这只是一种不稳定的状态，我们也要允许自己可大可小，可方可圆，能够接受自己的脆弱，接受自己的不完美，孰能无过呢？接纳自我，这也是成熟心态的淬炼。越是强调边界清晰，或者对独立有过分要求，这反而是人际边界不好把控的心理反应，也会影响到人与人之间的关系。

你也可以和身边许多同学一样，去学生心理中心预约咨询，大方邀请咨询师来帮助你。慢慢地学会去享受有人帮助你、为你服务，去享受人与人之间互动的乐趣，探索令自己不高兴、产生心理问题的缘由，了解自己的情绪反应和行为背后的意义。这时候，咨询就是一个引导、一个新思路，帮助我们从另一个角度去看问题。

“独立”这个词是相对而言的，我们总是在相互关系、相互影响中前行，完全脱离关系的独立，太过理想，很难做到。人际的问题还得回到与人的关系中去解决，需要依靠的时候就靠一下，需要独立的时候就听从自己内心的声音，允许多种可能性，为生命增加一些颜色与弹性，爱上自己，泰然处之。

树洞主人：张菁

6.8 林奕含[1]式的困境：我不信任甚至怀疑心理咨询

树洞来信

林奕含她无比热爱甚至信仰文学，却被一个文学的代言人伤害，之后整个生命都是建立在反复思索这件肮脏的事情上。循序渐进发现以下问题：文学只是一些人随意使用来满足私欲的手段而已，没有任何一个文学家的人品可以匹配他的创作，文学本身可能就是巧言令色。把“文学”换成“精神分析/心理咨询”就是我遇到的困境。所以就不要建议我预约咨询师聊聊了。我想问的是：为什么会反复思索一件猥琐的事情？从怀疑一个人扩展到怀疑一个职业群体，再扩展到怀疑他们所属的理论体系。看起来好像是从对某一个人强烈的恨意走向更大的绝望，为什么会有这种心理过程？这个过程是不是有某种快感或者某种意义呢？比如我虽然陷在里面出不来，但至少可以看见向前怀疑的路（虽然这个路仍然在泥沼里，努力走到头也极有可能还是泥沼）。

迷宫守门员

① 林奕含，台湾年轻女作家，著有《房思琪的初恋乐园》一书。

树洞回信

迷宫守门员，你好！

读了你的文字树洞君在想，也许你曾经也非常热爱或信任精神分析/心理咨询，但是不幸被从事精神分析/心理咨询的人伤害，这一伤痛一方面让你不停思索一些事情，另一方面让你将怀疑的感觉扩展到更大的范畴。这些感觉如你所说，像是一个泥沼，你身陷其中。

树洞君充分尊重你不想咨询的想法。别担心，世界很大，树洞君相信你会找到其他的方式丰富自己，获得理解自己的智慧。

有关你提出的问题，树洞君想它和创伤后反应有关。**每个生命一旦经历伤痛，都会努力地从伤痛经历中尝试着获取一些经验，以避免未来再次被伤害。**你的反复思索也许正是在提取创伤过程中任何可能的线索，用以未来更好地保护自己。但是不幸的是，这一反复思索可能会将伤痛中让你感觉肮脏、猥琐的片段不时地带回你的意识，甚至加重你的痛苦。

被伤害后，几乎所有人都会一定程度上失去对他人或是对世界的信心，因此我们会变得不安，我们会追求更加可控的感觉。回避，就是我们获得控制感最简单直接的方法。关于怀疑的扩展，就是一种隐性的回避。当我们越痛苦，我们怀疑的火会烧到更广的地方。我们会从怀疑一个人到怀疑一群人，甚至到怀疑更大范围的概念，比如理论体系、文化、社会、人类或是世界，这些范围扩大的程度在表征我们痛苦的程度，它不符合理性逻辑，但是符合人的情绪情感。怀疑在帮助我们推远那些有可能会再次伤害我们的事或者人。

反复思索、回避、怀疑、警觉这些创伤后的反应，在短期内都有着保护经历创伤者的效果，但长期可能会引起创伤经历者社会功能的减损，比如社会交往能力、记忆、执行力等。

因此，树洞君建议你尝试两个方向，当不能够信任心理咨询/治疗时，你可以尝试与自己信任、亲近的人谈谈你的经历，借助他们的视角，也许会帮助你对经历产生不一样的解读和认识。你也可以尝试自我叙事写作。社会心理学与语言专家詹姆斯·彭尼贝克(James Pennebaker)在实验研究中发现，让受试者每天 3 次、每次

15 分钟写下自己人生中做过的、经历过的最糟糕的事情，短期内这一过程带来了更大的情绪情感痛苦；长期后，绝大部分受试者反而报告出比对照组更好的健康指标以及更少去医院的次数（Pennebaker，1997）。自我叙事写作可能起作用的点在于，我们创伤性的记忆往往是碎片的、零散的，我们回忆思考时也是跳跃且不稳定的。当我们写作形成文字时，这一过程会强迫我们梳理这些零碎、跳跃的记忆，让我们更清楚发生了什么。反复地写作也许强迫着我们产生一些新的想法，在这一经验上我们会学习如何在未来更好地保护自己，而不是单纯地依靠创伤后反应来带给自己安全感和控制感。

当你渐渐好转，能够一点点信任心理咨询/治疗时，树洞君仍然建议你可以尝试看看和有创伤治疗经验的咨询师一起谈话工作。咨询中一些对保密和隐私的设置、一些专业的技术，都有助于心理创伤的恢复。对你而言，如果你在体验新的咨询时，发现并非所有的心理咨询师都是坏人，并非所有心理咨询体验都是创伤，这本身会帮助你克服回避和怀疑。当然如果你的反应严重地影响了日常生活、学习或工作，这个时候你需要向医生求助。

最后有关创伤，树洞君建议创伤的经历者要么选择让自己变得强大，让那些伤痛都无所谓，无足轻重。要么选择说些什么，做些什么，捍卫自己，震慑那些伤害你的人或事，这样你会更有信心走出阴霾。

树洞主人：戴赟

参考文献：

PENNEBAKER，J W. Writing about emotional experiences as a therapeutic process. Psychological Science，1997，8(3)：162-166.

6.9 民族文化差异的困扰

树洞来信

作为一名回汉通婚家庭的子女，因为民族禁忌我很多方面和汉族同学存在分歧，而长久以来接受的汉族教育使我又无法和回族同学融在一起。我这样夹缝中的人，应该怎么做呢？

生活在夹缝中

树洞回信

生活在夹缝中，你好！

谢谢来信诉说苦恼。旁人可能只看到两种民族兼得的“好处”，却并不知道你夹在两者之间的纠结：好像都是，其实又都不是的尴尬归属感。汉族同学跟你有很多不同点，回族也觉得你不是完全的同类，总归看你有点与众不同的感觉。

很多不同民族通婚家庭的子女也有和你类似的身份认同苦恼，看上去好像有“脚踩两只船”的优势，其实两边都有点靠不上，想做沟通的桥梁？哪有那么容易！面对两类观点或意见时不知如何表态的犹豫就已让对方看出猫腻，好像自动就拉开了些许距离，让自己内心也怯了几分：我和他们不一样，他们不是很喜欢我，不是完全愿意接受我，我总归是个“外人”。是这样吗？

如果是这样，你的困境该怎么办呢？树洞君想到一个理论：**归属感必须和差**

异性并存才能是真正的安全归属。如果是一种不能表达差异的归属感，那其实是非常受约束和困扰的。“我和你属于同一团体，我各种言行想法都要与你一致，特别是你觉得重要的部分，否则就和我划清界限。”那这种归属感可行一时，很难长久。

树洞君想问你一个问题：作为一个夹缝中的人，你有什么和他们不同的优势呢？树洞君指的是可以给他们带来新鲜感、有意思而不带有侵犯性的不同点。这样想可以帮我们把关注点从由民族的不同而形成的隔阂感移开，挪到其他更多争取朋友、争取归属感的可能性上来。不管什么民族，应该都喜欢热心、开朗、温和、多才多艺、真诚、勇敢、有担当之类的人格特质吧？这些跨民族的特质你身上有哪些呢？如果你自己一贯“谦虚”（也叫作“缺乏正向的自我认知”），也可以采访下身边的好朋友，他们除了民族认同的魅力之外，为什么喜欢你？想起《罗密欧与朱丽叶》剧本里朱丽叶说的话：“罗密欧啊，罗密欧，你为什么不能改改你的姓氏？！玫瑰改了名字还一样是玫瑰呀！你改了名字我就可以大胆来爱你！罗密欧啊，即使你不能改掉姓氏，我还是一样爱你！”

在别人完全接纳你为“自己人”之前，第一个要赤诚相待的就是你自己，要在难过的时刻多和自己说说话，好好问自己问题，认真倾听答案，耐心劝慰自己，真心欣赏自己。没理由只享受“双栖明星”的好处，而一点不要其中的坏处。

认真地问问自己，不管别人怎么看，你自己心底里怎么看这两个民族？会有孰优孰劣的竞争关系吗？会有哪些完全不能共存的差异吗？当这些不能共存的差异出现必须“二选一”的情况时，你在公开场合具体是怎么应付的？能够做到既不太勉强自己，也不会伤到周边的人吗？这可以自己学习和琢磨，也可以请教别人，特别的场合如何改善表达？你提出民族的差异，但不必你一个人承担责任，大家一起民主决定，友好协商。肯定还有别的好方法，通用的原则之一就是**牢记民族的差异，你不会看轻任何一个，你还可以做两个民族间的桥梁。**

你自己特别认同两个民族的什么特点？把焦点放在两个民族的优势之上，即使你不能全部拥有，都以它们为自豪吧。自豪着自豪着，你会发现无论和哪个民族的人在一起，你都可以学习，不遗余力地欣赏他们，然后可能就看到了可以做自己的新空间。

如果上面说的可能性根本不对，那树洞君推测是不是你针对某一两个特别想结交却遇挫的朋友发出的感慨？那就建议你参见“为什么找不到大学里的灵魂好友”那篇的答案。

树洞主人：姚玉红

7.

自我超越

7.1 心理测试引发的自我怀疑

树洞来信

我挺不明白的，为什么我只是做了一套心理测试，就被老师认为有心理问题倾向，并被叫去谈话，而我主动告诉身边亲近的人，她们却不信？是我平时掩饰得太好，还是其实她们不是不信，只是不知道要跟我说什么？

不知从何时起，那个人成了我一想起，就想哭的人。很多话不想说给别人听，也不知道可以说给谁听。既然你是树洞，那我就跟你絮叨絮叨好了，希望，你别嫌我话多，谢谢。

自我怀疑的狐狸

树洞回信

自我怀疑的狐狸，你好！

看来心理测试是扔进你心湖的一块小石子，引起了很多的涟漪……

首先请允许树洞君先向你稍微介绍一下心理测试。

心理测试就是通过心理科学方法和手段，对反映在人的行为活动中的心理特征，依据确定的原则进行推论和量化分析，并给以相应的科学指导。心理测试可以帮助人们了解自己的情绪、行为模式和人格特点。心理测试的功能是测量个体之间或同一个体在不同情况下的反应之间的差异。心理测试必须经过标准化的程序进行编制，并按标准化的程序群使用，这种标准化的测试才具有实际使用的价值。

常见的心理测试可以分为能力测试（包括智力测试和特殊能力测试）、人格测试、记忆测试、适应行为评定、职业咨询测试等。

心理测试只是提供一定的参考。人是发展成长和变化的，心理测试仅仅提供个人在进行测试的那个时间点的状况特点，因此过分夸大心理测试的效果是不对的。

你所说的“只是做了一套心理测试”中的那套问卷是身心状况自评量表（简称SCL-90）。这套量表包含了比较广泛的症状学内容，如思维、情感、行为、人际关系、生活习惯等十个方面，是目前使用非常广泛的心理门诊检查量表，它可以评定某个特定的时间内，通常是一周以来个体的身心状况。所以如果你“被老师认为有心理问题倾向”的话，说明：1.在做量表时，你是非常真实、坦诚的。因为这样的症状学量表的测试目的是一目了然的，想要隐瞒或者作假是很方便的事情，而测试结果完全依据于你的选择；2.你在做量表的那个时间段——仅仅局限于那个时间段——确实在某些方面状态不是很好。状态不好并不意味着有心理问题，就像某段时间你的皮肤有点发炎，然后过段时间就自然而然好了，不代表你就得了皮肤病。如果你“主动告诉身边亲近的人，她们却不信”，或许只是因为你仅仅在某个时间段里状态不好，那么在大部分时间里，身边亲近的人并不会觉察到你不好的状态。

很有意思的是，对“她们却不信”你用了一个问号，树洞君觉得这里似乎还隐藏着一个感叹号……从这个问号里，树洞君感受到了一些意外，貌似还有一些失望和失落。你是否既希望她们能觉察到你一些不好的状态，但又害怕她们觉察到？你希望她们能觉察到，这样你能够感受到被关心被关注，你需要一些支持；但你又不希望她们觉察到，你平时会掩饰自己，就像你自己说的“是我平时掩饰得太好”，或许你是不希望她们担心、给她们增加负担，或许你只是不想表现出自己脆弱的部分。

看来你失恋了，而且已经有段时间了，但是失恋的痛苦还深深地埋藏在你的心里。“很多话不想说给别人听，也不知道可以说给谁听”，很矛盾的一个说法，你既在表达想找人诉说的渴望，但又在表达对他人的不信任。“既然你是树洞，那我就跟你絮叨絮叨好了”，树洞君马上凝神静气，竖起耳朵，准备聆听，可是你还什么话都没有说，却又倾诉“希望，你别嫌我话多，谢谢”——好像你刚倾诉的那样，你想靠近，但当树洞君等着你的时候，你却立马转身离开了……“谢谢”，在礼貌中透露着一种疏离、一段距离。

你的内心是矛盾的、冲突的。树洞君猜想，一方面，你是一个人际关系不错的人，和同学们都比较能够融洽相处，很有礼貌，客气、温和，别人和你相处都会感觉比较舒服，你希望和别人保持良好的关系；另一方面，你并没有特别亲近的人，和人都保持着一定的距离，别人是很难走进你的心里的。在你的内心，你是容易受伤的，你对他人是不信任的、感觉不安全的，甚至是有愤怒的，但树洞君怀疑你觉察不到你对他人的愤怒。在你的成长经历里面，你很可能受过伤，为了保护自己，你把自己柔软的内心包裹了起来，小心翼翼地藏好，和别人保持着距离，以免再次受到伤害。但是，渴望亲密关系又是我们与生俱来、无法回避、无法克制的愿望和需要！

如果你愿意的话，建议你走进咨询中心，约个心理咨询师好好梳理一下自己的内心世界吧。你肯定有很多压抑在心里的情绪和感受，找个地方说一说、哭一哭、理一理……

树洞主人：殷芳

7.2 如何拥有稳定的自我？

树洞来信

想要内心变得很强大，不会随便因为什么而搞得自己不开心，或者乱了阵脚。想“不困于心，不乱于情”。

希望自己想学习的时候就可以学习，而不去想任何其他事情，也没有什么能够阻挡。想要对那些对自己很冷漠的人说放下就放下。想变得从容，不会因为追随某些人的脚步而失了自我。总之就是想有个坚不可摧的，对于学习与梦想可以执着与专注的能力！

想要成为内心超人

树洞回信

想要成为内心超人，你好！

树洞君听到你对自己有一些期待，期望能做自己生命的主人，不受外界环境变化的影响，拥有稳定的自我，能够为自己做选择，专注地去采取行动，去实现自己想要的生活目标。同时树洞君从你不想要的东西里，也听到内心深处好多的矛盾感受，对理想状态的期望，反映出对现在的自己还没有那么满意，想要改变自己。

心理学家大卫·史纳屈（David Schnarch）提出了“稳定并且灵活的自我”（A solid flexible self）这一概念。一个稳固并且灵活的自我，就是指我们一方面有着不受外界评价影响的、稳定的自我价值感，另一方面我们不会局限自我概念，能够灵活地在不同情形下，表现和发展多方面的自我。你想要获得的状态是这种稳定而灵活的自我吗？那么要如何才能获得这种稳定的自我状态呢？

稳定的自我是建立在高自我价值感基础上的，而高的自我价值感又与自我接纳与自我认可有关。每一个当下，都是生命中最宝贵的时刻，只有敏感地聆听我们生命中出现的情绪上的起落，才会更从容地与完整的自己在一起。研究发现，禅师面对外界刺激并不是没有反应，只是有更快的自我调节能力，能够更快地从刺激反应中自我恢复。**禅师最重要的修行就是带着爱意的觉察，接纳生活中的无常变化，也接纳自己所有的起心动念，学习对他人和对自己的慈悲。**“不困于心，不乱于情”的丰子恺先生，正是在战乱中修行，以一颗温柔的心，画出了非常多让人感动的生命时刻，影响着很多人与人、物、世界建立新的联结。

但我们还这么年轻，没那么容易说放下就放下，情感的事，才下眉头又上心头是常有的现象，既然觉得别人已经让我们感到冷漠了，我们对自己还是要温柔和慈悲一点。在这里树洞君想跟你谈谈“自我慈悲”这一概念。“自我慈悲包括了像对待朋友一样对待自己，即使这位朋友把事情搞砸了，或者自己感觉匮乏，抑或自己的生活正面临着艰难的挑战。广义的（或更完整的）自我慈悲定义涉及了我们在痛苦中要承担的三个核心要素：**自我仁慈、共同的人性（认识到每个人都会犯错和感到痛苦）和正念。**”“近十年来的大量自我慈悲（self-compassing）研究已经表明了自我慈悲对幸福的益处：更具自我慈悲心的人往往拥有更多的幸福感、生活满意度和动机，更好的人际关系和身体健康，更少的焦虑和抑郁。他们还具备应对压力性的生活事件（如离婚、健康危机、学业失败，甚至是打击创伤）所需的韧性。”“当我们觉察到自己的挣扎，在困难时刻以慈悲、仁慈和支持来回应我们自己，事情就会开始改变。”（Kristin Neff & Christopher Germer，Mints 编译，心理空间）。关于慈悲与正念，推荐你进一步阅读乔恩·卡巴金的《正念：身心安顿的禅修之道》，或者马克·威廉姆斯等的《正念禅修：在喧嚣的世界中获取安宁》，正念是一场与生命的恋爱，与此刻的生命恋爱，练习正念可以帮助你更专注。

家庭治疗的一位重要开创者玛瑞亚·葛茉莉博士是从“二战”的纳粹集中营逃生出来的幸存者，她 99 岁了，还去向一位冥想老师学习，并热情地向大家推荐这位老师谈自我改变的一本书，乔・迪斯派尼兹的《改变的历程：告别旧我，与创造新我的28天冥想训练》，她认为作者谈及的许多理念和她的人生信念非常有共鸣。这是一本通俗易懂的书，运用量子物理、神经科学、基因学等前沿科学来帮助人们在生活中创造看得见的改变。本书详尽地描述了如何通过冥想练习，超越时间、环境、身体的限制，拥有一个更加稳定和自由的内在自我。在这里，也推荐给你，祝愿你通过持续的努力，实现自己想要的人生。

树洞主人：刘翠莲

参考文献：

乔・迪斯派尼兹.改变的历程：告别旧我，与创造新我的28天冥想训练.凌香秀，译.北京：人民邮电出版社，2017.

7.3 我越来越觉得自己一无是处

树洞来信

来到同济已经快一年了，我觉得自己在这一年里没有任何进步，甚至越来越糟糕。首先，我真的不会社交，情商低，脑筋差。所以选择了独来独往的生活，没有人倾诉烦恼，包括家人，从来只是报喜不报忧，和以前的朋友也没有经常联系，和舍友也没有形成很好的关系。我总是觉得需要毕恭毕敬的礼貌，可看到她们玩笑打闹时又会觉得自己在一旁很多余。其次，我真的是太看重成绩了，学习不能学以致用，成了一个实实在在的书呆子。每天早出晚归自习，可还是效率太低，读书成了读死书，做事越来越一根筋，不懂变通。我觉得自己糟糕透了，好讨厌现在的自己，可我又不知怎么改变。我跳不出自己的模式，思维惯性，思维僵化，思维定式，我要怎么办？我还像一个高中生一样在生活。同济给我们提供了平台，可我不知道怎么用，每次做事情都会走极端。想改变时又会想我肯定做不好，因此总是放弃，给自己消极的心理暗示。我该怎么办？

自卑的海獭

树洞回信

自卑的海獭，你好！

透过这段文字，树洞君感受到了你对自己很多的不满、否定、失望，甚至厌恶、愤怒和孤单感、无能为力的绝望感。这些情绪仿佛七八月的“台风”一样，转了个方向正在不断席卷、击打、破坏和摧毁那已经有些脆弱的“人际关系”“学业成就”“家庭关系”“自我价值”的心灵小岛。

树洞君很好奇“台风眼”里蕴含了什么，竟然具有如此强大的力量？不禁看到了一个这样的你：你对自己各方面都提出了一些要求，人际关系、学业、自己的思考方式等。在人际关系上，很希望自己可以多多社交，提高情商。你想要和他人倾诉(包括和家人)。你希望能和以前的朋友保持联系，同时能和现在的舍友建立良好的关系。你想要在别人玩笑打闹的时候是参与其中的而不是旁观者；更进一步，也许你很渴望拥有亲密无间的关系，可以分享喜怒哀乐，让自己在和他人深深的联结中，找到生活的幸福感。

在学业上，你想要自己不过分看重成绩，多多学以致用；你想要提高学习效率，做事再想想有没有其他的方法。更进一步，也许你渴望提高自己的学业胜任力，改变过去对学习比较功利化的追求，从书面成绩可以反映到真实的专业能力上。

在自己的思考方式上，你想要跳出那些阻碍自己的思维方式，你想要给自己更多的积极暗示。也许你饱受消极思维之苦，害怕或者自我否定让你与不少机会失之交臂。最后，你很想要珍惜同济提供的平台和机会，尽快从高中生活过渡到大学生活，做出改变。

树洞君试着重述了一遍你的“自我责备”，不知道你现在的感受是怎么样的呢？你有没有从这个你专属的“I want list”中获得一些平静、力量和自信呢？它们听起来都是非常不错的目标，尤其是消极思维的转变，这些都具有很好的可操作性，只是需要更多的时间和耐心来学习。大学开始的第一年，你能够发现这些内心的渴望已经是很好的觉察了，不要过于着急想要彻头彻尾改变自己。**千万不要小瞧高考前的多年“认知塑造”。在巨大的高考目标前面，没有多少人能够逃过对成绩的重视，常常不经意中会忽视自己其他方面的培养，包括人际交往能力、自我探索等。**所以，树洞君不同意你说自己“一年里完全没有进步，反而越来越糟”。**“完全没有”是一种对自己的全盘否定，至少你在为这些高中时候可能不会去烦恼的问题而烦恼，这显然是一种进步了。**

那是不是可以改名叫你“想要变得更好的海獭”同学。如果你还需要进一步帮助，请不要犹豫，随时前往咨询中心寻找我们的咨询师面对面咨询。你也可以在网络上寻找各种资源，包括心理图书和 TED 视频、公开课等，来好好学习如何拥有亲密的人际关系、提高学业胜任力、转变消极思维等模块课程。期待三年后的你，可以重新认识自己。同济这个平台会在大学的所有时间里，包括毕业后都默默给你支持，你也要对自己更有耐心。

树洞主人：章秀明

7.4 室友们总在学业上优于我

树洞来信

我是陈醋精。我的司考客观题没有通过，而今天是我的室友们去考主观题的日子，也就是说，她们通过了客观题，并且我相信她们的付出会有回报……我在准备考研，一直的梦想在此。考司考，本非我所愿。然而它对我的负面影响，特别是在信心方面，其实很严重。我在大一大二绚烂夺目于室友们，她们中有两个在学业上优于我，但我期望我是一颗恒星，而不是流星……如今她们仍在考场上，我却感受到了一种压迫……好像我的失败，我的大学落幕于灰暗已成事实。我讨厌这样失去信心放弃希望的自己。

陈醋精

树洞回信

陈醋精，你好！

谢谢你真诚地表达。你第一句话先说自己是“陈醋精”，这是树洞君第一次听到这个词语，是说自己是个嫉妒心很强的人吗？不知道你对“嫉妒心”这个词如何理解，但在你的问题中，树洞君感受到了你是一个对自己有要求的人，是一个蛮上进的学生，是一个不想输也不服输的人。你可以把它解读为是“嫉妒”，也可以把它解读为“上进”。**解读为嫉妒，就会感觉对自己状态有个否定，解读为上进，则更多是对自**

己的肯定与激励。树洞君从你的言语中仿佛听到后一种的声音更强烈一些。

大学生作为青年人，身上有种不服输的精神，有种想突破自己的愿望，有种对自己的高标准与严要求，这恰恰是大学生群体非常难得而宝贵的东西。在你身上，树洞君看到了这个部分。也许你对大一大二的自己还是满意的、自信的，甚至是信心满满的。但一个“梦想不在于此”的司考，给了你沉重的一击。树洞君很好奇你是如何决定考司考的？你说这非你所愿。是看到舍友们备考，所以你也想考考试试吗？如果是抱着这样一种态度去备考，既然是试试，就有试得过与试不过两种结果。既然非你所愿，在备考的时候是否就会有些不那么努力认真的状况，或者自己的备考意志没有那么坚决。如果是，对于未过的结果也许就有个大概的预期，相应的也就有个较大的接受度，因为这并不是你的真实能力水平嘛。树洞君猜如果没有室友的对比，你是否会更容易接受这个结果呢？

你说自己在准备考研，而且你的梦想也在于此。你也说想做恒星，恒星不会羡慕流星在天际划过的短暂美丽，而是知道自己的内在能量，相信在适当的时刻自然会闪耀于天空。它不会因转到太阳的背面而哀伤，相反，恒星有难得的平静，是自己沉思、反刍、积蓄能量的难得机会。不知道你会如何看待失利，今天早上，树洞君听到一档节目中陈海贤老师分享的一些内容，他说到要给自己做个计划，每天犯五个错误，这是个很有意思的想法。有时候，通过犯错，才能知道我们的弱项在哪里，我们需要加强什么，需要规避什么。犯错并不可怕，失利并不可怕，就像司考的失利，你有认真考虑过原因吗？是真的不喜欢，只是跟着别人在走？如果是，这倒是一个你看清自己、坚定自己的难得机遇；是准备不充分，同时在做很多事情所以没考过？如果是，你或许需要考虑如何在短时间内集中精力，做好时间规划，有针对性地去解决主要问题……仔细挖掘一下，或许你会发现、觉察自己许多新的部分，而这些常常是你在顺境的时候所不能看到的。

最后，送你一句树洞君很喜欢的话吧。**有希望的人，总能找到前行的路；不愿梦想的人，也总能找到退缩的借口。**愿你可以找回以前的你，真实的你，始终可以做一个满怀希望的自己。

树洞主人：吴双磊

7.5 我害怕看到别人努力

树洞来信

我的成绩在班级算比较靠前的，学习也很努力，但我特别害怕看到别人努力，特别是暂时没有我优秀的人在努力，我看到了更是容易心烦意乱。我有时会担心自己告诉别的同学一个问题的答案就会被超越，有时会担心自己放松一下别的同学就会超越自己，有时参加一些学习讲座都在犹豫要不要告诉舍友或同学一起去。这也导致我不太喜欢在寝室或课余时间和室友一起学习，因为觉得眼不见心不烦，甚至有时看到室友在寝室玩手机，我竟然会有松了一口气的感觉……我常常也觉得就是因为这种想法和这种做法导致自己和室友一起做些什么事的时间不多(因为同班原因我们倒是每天一块上下课和吃饭)，所以一直觉得和室友关系不温不火似有隔阂(这是我个人的想法，从来没有和室友交流过)。同时，我又害怕这样的心理和状态被别人察觉出来而被他们讨厌，也使得我经常性地选择独来独往(虽然也有部分是内向性格的原因)……我觉得这样的自己好黑暗好自私，自己有什么权利不许别人努力呢？我也常常对自己说“别人努力是好事呀，激励自己更加努力，可以共同进步”，但每到当时的情况下我心里又很难受负担也大，始终做不到正面积极地面对……老师我想知道怎么克服这种阴暗的心理障碍，我怎么才能看开点，我也不想成为一个被别人讨厌的人……

我想做一个坚强乐观、与人为善的人……

混乱的比赛机

树洞回信

混乱的比赛机，你好！

读完你长长的留言，树洞君似乎能感受到你内心苦苦的挣扎。

你发现自己有些时候是自私的、阴暗的，在很多关系中，在很多琐碎的生活事件里，你总是能闻到竞争的味道、嫉妒的味道，这些味道又总会激起你强烈的恐惧和担心，你是如此恐惧失败，你是如此担心自己不如他人，这类恐惧担心的情绪是那么的让你痛苦，甚至难以承受。为了让自己心情愉悦些，你会采取很多保护自己的方法，比如自我催眠否认事实；不希望别人努力，看不到别人努力就等于别人没努力。为了让你在竞争中保持不败的地位，你还会有些私心，比如有好资源不愿意跟别人分享。虽然这些保护自己的方式很有效，让你内心没那么恐惧和焦虑了，可是你内心的道德先生却不高兴了，他经常狠狠地批评你，说你自私，说你阴暗，希望你充满正能量，这些批评又让你惶恐不安，你好惶恐你的自私和阴暗被人发现，他们会因此讨厌你。于是乎你赶紧和他人保持距离，独来独往。但道德先生的批评也让你很委屈，因为虽然有一部分的你是自私的、阴暗的，但更大一部分的你是友善的、坚强乐观的，你不知如何才能让别人不误会你，你想也许自己去除了那些自私阴暗的想法和行为，一切就会好起来，可是不管你怎么努力，你就是去除不了，这太让你抓狂了。

你的确是会抓狂的，因为你碰到的困难其实是人类的共同困难：该如何看待和管理我们的嫉妒情绪。

对于嫉妒，我们并不陌生。因为嫉妒是一种古老的心理、意识现象，每个人或多或少都有点儿嫉妒心理。在我国的辞典中“嫉”的意思是憎恨比自己好的人，“妒”则是埋没贤良的人。嫉妒，英文 Envy，其词源是拉丁语 invidia，来自动词 invidere，意思是“有敌意地看着”。《牛津高阶英汉双解词典》把嫉妒定义为“在注视着另一个人拥有一些高于自己的优势时产生的屈辱感”。心理学辞典中认为“嫉妒就是因别人在某些方面优越于自己，而自己又不甘心别人的这种优越性，而产生的一种由怒、怨、恨等组成的复合的情绪状态。”

嫉妒的确会给我们带来痛苦，控制不好，它将严重影响我们的心态和人际关系。因此，从古至今，不同文化普遍都在宣扬嫉妒的邪恶，告诫世人不要嫉妒。

然而，嫉妒是一种普遍且合乎常理的情绪，伴随的结果也有好有坏。

嫉妒源于竞争，帮助人们适应进化——从生物进化的角度来解读，生存资源的有限性必然导致生物之间存在竞争关系。嫉妒的情绪来自人们对自己所处的社会地位的思考，以及对他人生存状况的观察。由嫉妒产生的一些焦虑情绪促使自己不断努力奋进，以赢得更多的生存资源。

有关嫉妒最有名的一个理论是“龙虾理论”：一桶龙虾，只要有龙虾往上爬，快爬出桶子之外时，就会有其他龙虾把它往下扯——我出不去，也不让你出去。**可见，嫉妒不只发生在人身上，也发生在动物身上，在动物身上，嫉妒会毫不掩饰地表现出来。**嫉妒是人的一种天性，虽然我们无法控制它的产生，可我们还是可以尝试好好管理它、调整它，别被嫉妒牵着鼻子走，以防伤人伤己。

首先，我们要对自己的嫉妒情绪有觉察。这个觉察，是指让我们自己知道自己在嫉妒别人，并了解自己为什么会嫉妒，以及这种嫉妒给自己带来的痛苦。

其次，我们要接受自己不够好。接受自己不如别人好，这不太容易，因为自恋是人的本性。如果我们知道山外有山，人外有人，就能接受自己的不够好，这会减少很多因嫉妒而产生的不快乐。

最后，就是“学会化敌为友”。如果我们把身边优秀的人都当作竞争对手，试图超越他们，就会发现生活中充满了威胁，需要时刻保持警惕和戒备。在与别人相处时，自然也少了亲密和友善，甚至升级为仇恨，成为势不两立的劲敌。这种人际模式加剧了嫉妒带来的负面情绪的困扰。如果我们把嫉妒转化为羡慕、钦佩，把身边高手当作学习榜样，当作朋友，把嫉妒情绪当作不断磨炼自己的动力，一方面我们能收获友情，另一方面我们在切磋和交流中，一定能大大提升自身的实力。

树洞主人：廖一明

参考文献：

落叶不枯.嫉妒心太强烈怎么办？该如何调整自己的心态?.百度经验，2018. 7. 6.
刘林的 SKAY.如何调节嫉妒心理？百度经验，2016. 9. 16.
梁娟.进化|关于嫉妒，你不得不知道的秘密.壹心理，2017. 9. 20.
张德芬.“我希望你好，但不希望你太好”关于嫉妒的三个密码.张德芬空间，2017. 8. 22.

7.6 我讨厌嫉妒别人的自己，怎么办？

树洞来信

总感觉身边的人都像永动机一样，朝着自己想要的东西努力，并且成功。我自己却总感受到疲惫、困倦，并且，遭受各种各样的失败。看着之前程度差不多的人已经比自己快了一大截，心里生出了无边的嫉妒，然后又反过来讨厌这样的自己。

我该怎么办呢？

无法成为永动机的我

树洞回信

无法成为永动机的同学，你好！

当看到你写下的这段文字的时候，树洞君脑海里隐隐浮现出的图画是：不断努力、不断追求、想超越自己、想超越同伴、跌倒了再咬咬牙爬起来，这样的一个形象。

同时，感觉到你处在矛盾纠结和撕扯中的苦恼。一方面，你可能也希望像那些永动机一样的同学那样努力并成功，产生羡慕，而另一方面，身体的疲惫和困倦又限制了你的行动力，产生了嫉妒；在这之后，自己又讨厌自己这样的嫉妒心理，可能觉得自己不应该嫉妒他人的成功；再之后，看着之前水平差不多的同学现在比自己快一大截，自己落在后面，产生了自责。

你知道吗？每个人都有情感和情绪，期待和渴望。正常情况下，人都有最基本的7种情绪：喜、怒、忧、思、悲、恐、惊。这些情绪在一定范围内都是正常的，只有某些情绪超出了正常范围，才可能出现问题。人的心理活动更是复杂多样，受外界钩牵，因时、因地、因人而有千变万化的“演绎”，而内心就会随着这些演绎而起起伏伏。

为什么会这样呢？是谁在主导、在“演绎”？是我们的大脑，它就是最佳导演、最佳编剧和最佳主演。就像此刻，当你读到树洞君写的这些文字时，你的大脑同样也会出现各种想法或者图画。这些都与我们个人的生活经历、成长过程以及头脑里的知识结构有关。面对这一段阐述，每个人的思想图景都不一样，没有好与不好，只有合适与不合适。

那么，是什么带给自己这样的撕扯？是不是有些不解？

前面我们讲过，人都有基本的情绪，正常范围内都是可以的，单一的情绪不会令自己挣扎和撕扯，比如“生气”这个情绪，有的人愤怒了，巴拉巴拉一通说，一会儿就好像什么都没发生一样，情绪平复了，又开始有说有笑。有的人却会因为“生气”很久不开心。同样的情绪为什么表现却如此不同呢？前者的情绪可能只是单一的“生气”，而后者可能对自己的“生气”又出现了评判，使情绪复杂化。通常只有当自己对这些情绪和心理体验出现评判时，撕扯才会出现。如果你对“生气”这个情绪有评判，觉得自己不应该生气，那么就会出现新的情绪感受，这个感受是令自己久久不能释怀的。

再比如，你嫉妒对方，如果仅仅停留在嫉妒这个心理状态上，是没有问题的，**问题出现在对自己“嫉妒”他人有评判，可能觉得嫉妒是不好的，**嫉妒别人也是不好的，觉得自己不应该嫉妒他……所以发展到“讨厌这样的自己”。感觉有些恨其不争的意思在里面。意识和潜意识开始出现不一致。我们的意识总是根据自己的条条框框或者约定俗成的一些价值观来思考的，而我们的潜意识总是在试图保护自己不受伤害，那么内在不和谐的体验就出现了。什么是嫉妒？印度哲学家克里希那穆提(Jiddu Krishnamurti)说，**嫉妒表示你对自己不满而羡慕别人，对自己的现状不满就是羡慕他人的开始。你希望像别人一样，你希望成为一个和现在不一样的人，所以你羡慕别人、嫉妒别人。**

了解你自己的实际情况如何是一件非常困难的事，因为那需要彻底摆脱所有想要不切实际地改变自己的欲望。想要改变自己的欲望会孕育羡妒；然而如实了解自己，才会得到真正的改变。

对于你，树洞君想说：羡慕嫉妒是可以的，试着接纳自己有时也会羡慕嫉妒他人这样的心理。也希望你接纳自己暂时被落下这样的事实，允许自己可能也有追不上他人的时候。

事实上，每个人各有所长，每个人也都会有自己的状况，每个人的状态只有自己最清楚。就像季节，一年中每个季节都有自己的精彩，每个季节都有花开花落。寒冷的冬季梅花绽放，和煦的春天百花争艳，炎热的夏季荷花淡雅，凉爽的秋天漫山红遍。

“与其临渊羡鱼，不如退而结网”，关爱自己，在自己的季节开花吧！

树洞主人：范忠凤

7.7 当我们在比较中落下风时，该如何平衡和释怀自己呢？

树洞来信

最近总是给自己非常大的压力，其实我很清楚是因为自己过于喜欢跟周围的人比较，导致不断累积了心里的挫败感，工作生活都更受到影响，形成恶性循环。不知道怎么才能让自己变得释怀。

生活的积分器

树洞回信

生活的积分器，你好！

你说："我过于喜欢跟周围的人比较，导致不断累积了心里的挫败感，工作生活都更受到影响，形成恶性循环。"你描述的现象其实是人类世界普遍存在的现象。比较，是人之常情。在现实生活中，人与人之间总是直接或间接、公开或不公开地较着劲，我们有时候会从比较中收获信心、勇气、经验和智慧，有时候又会因比较而变得伤感、自卑、沮丧甚至愤怒。

美国社会心理学家利昂·费斯汀格(Leon Festinger)于1954年提出了"社会比较理论"，该理论认为：每个个体在缺乏客观的情况下，利用他人作为比较的尺度，来进行自我评价。

费斯汀格指出，社会比较有三个不同的方向：

第一个是向上比较，也就是和比自己更加优秀的人进行对比。这种对比的目的，是为了"自我改善"。在对比的过程中，找出别人的优点，或者是把别人当作榜样，比如你经常做的这样。

第二个是平行对比，也就是和处于平行位置的人进行对比，从而获得"自我评价"的功能。通过对比，个体知道目前的能力和水平大概到了什么程度。

第三个是向下对比，也就是和比自己差一级的人进行对比。之所以会产生这种对比方式，是因为个体想要"自我增强"，尤其是自己遭遇挫折，或者事业学业受挫的时候，往往会采取向下对比。

中国传统教育中，特别青睐的比较方式是"向上对比"。比如，在成长的过程中最常听到父母说的一句话："你看看别人家的×××，他多棒，而你呢……"真是人比人气死人呀。比如，当你考了95分，父母会说你为什么没考到100分；你考到100分，父母会说你怎么上次没考到100分；你考了全班第一，父母会说你怎么没有考到全年级第一……时间一长，你会发现没有标准，无论你怎么努力，父母都是不满意的，你会非常挫败、沮丧和痛苦。当然，"向上对比"会帮助人们积极向上，可如果只强调"向上对比"，你就搞不清楚自己目前的能力和水平真实的位置，自我评价偏低。

当我们在比较中落下风时，该如何平衡和释怀自己呢？下面提供几个小技巧供参考。

1. 直接说出来

当你觉得自己不如别人时，会产生羡慕、嫉妒、恨等情绪，这些情绪梗在心里还要掩饰，还真不好受。要是你有勇气的话，不如把你当下的情绪直接表达出来，笑呵呵地告诉对方："不要这么优秀好不好，真叫人羡慕、嫉妒、恨耶，请客请客，让我们心理平衡平衡。"真实的情绪如果可以用语言表达出来，不舒服的感受就会消散大半，你可以试试。

2. 不要和别人进行无条件的比较

你最好不要和别人进行无条件的比较，拿自己没有的东西和别人已经拥有的进行对比，这样会让你很挫败的。

3. 学会欣赏自己

多看看自己的优点，欣赏自己，你就会发现那份真正属于自己的美：性格内向的人，拥有的是凝重和深刻；宁折不弯的人，拥有的是豪迈和坚强；饱经风霜的人，拥有的是忍耐和坦然；历尽失败的人，拥有的是柔韧和毅力。欣赏自己并不是以自我为中心的自负、自恋，欣赏自己是正视自身的不足，解剖自己，鞭策自己，有意识地强化自身优点。

4. 与自己的挫败感对话

当你不如别人时，给自己一个特定的时间段，让自己尝试去倾听挫败给你带来的种种情绪，可能有无力、无奈，也可能还有羞耻、愤怒，然后你再听听这些情绪背后的想法都有哪些，一边听一边把这些情绪想法一一写下来，这种方式非常好用，会帮你把心乱如麻的情绪和想法慢慢用语言表达出来，帮你更好地理解自己，也就慢慢可以释怀了。

如果这些方式还是帮不了你，就要邀请你到我们咨询中心来约个咨询师聊聊，也许你更需要一位专业人士的帮助。

树洞主人：廖一明

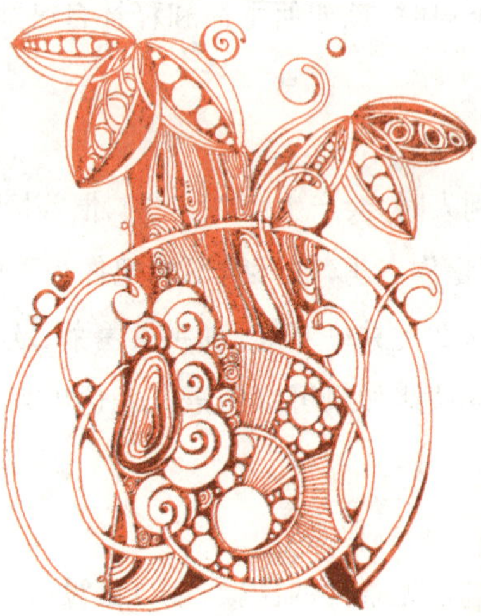

7.8 请推荐心理学书籍：帮助了解自我和他人

树洞来信

请问应该如何了解自己，有哪些心理学的书籍可以帮助了解自己和他人的心理？

好奇的斑马

树洞回信

好奇的斑马，你好！

“如何了解自己”这真的是一个好大的话题，一时把树洞君给吓住了，不知从何说起。**其实包括树洞君在内的许多人也都一直在了解自己的这条路上不断探索前行，在这条路上有坦途，也同样会有让人挫败和停滞之处。**可能了解自己并没有什么特定方法，因此不同的人对于你的问题会有不同的回答，树洞君的回答也必然带有自己背景和经历的烙印，仅供你参考。

虽然了解自己是一个十分重大也重要的议题，但可能它又是一个常常会被忽视的话题。我们每天有太多具体的事情、问题、烦恼等着自己去面对和处理，往往少有时间和精力留给它。因此，首先树洞君会有一分好奇：你是平常就习惯于思考如何了解自己这类问题，还是有什么情况或事件触发了你对此问题的关注呢？如果是平常就经常思考并勤于了解自己，那也许你可以询问自己：是什么让我对了解自己这么感兴趣呢？这代表了我具有什么样的特点，这些特点从何而来呢？对了解自我的重视显示出我对哪些事物很看重，进而体现出哪些我坚守的价值观？这些我看重的事物和价值观怎样影响和作用着我如何看待世界，如何做出重要的选择，如何对待人际关系，如何应对生活的挑战和挫折？……同样，如果是一些情况或事件引发了你对了解自己的兴趣，你也可以问自己一些问题：这件事在生活上、学习上、人际关系、自我认知等方面带给我哪些影响？我如何看待各个影响？哪些经验或知识造就了我对各个影响的立场和态度？现在我如何看待这些经验和知识？这些影响带给我哪些情绪体验或身体感觉？在这些情绪体验或身体感觉的背后是否隐藏着一些深层的担心和恐惧？如果有，它们是什么？它们从何而来？现在我如何看待这些担心和恐惧？……

不知道如果你认真地思考和回答了这些问题后，会不会发现对自己的了解增加了一些呢？其实，通过这个由我的好奇所引发提问的例子，树洞君想表达的是，我们也许可以从自己的每一个经历中运用好奇的眼光、步步深入的提问探寻来扩展和加深对自己的认识。我们的经历就是我们的故事，我们的故事组成了我们的生命，很大程度上也定义了我们。因此从一个个具体的自我故事经历中去更好地了解自己也许是一个行之有效并且可以信手拈来的方法和途径，如果在平日里经常地使用它，日积月累之后会带给你意想不到的收获。

如果你想了解得更系统一些、更完整一些，也许可以以自己成长的时间线来书写自己的故事。这些故事不一定是所谓的重大事件，同样可以是一些生活中稀松平常的小事或小的瞬间，只要其中有打动你之处就值得把它写下来。此外，不一定要按时间的先后顺序来写，可以想写哪一段就写哪一段，这绝对不是一天可以写成的，但一段时间的累积后，很多人都发现取得了不少收获。唯一需要注意的就是，你必须真实和坦诚地去书写这些故事以及因此引发的疑问、反思和感受，请记住这些故事不是写给任何其他人看的，自我故事的书写是为了完整地展开并让自己更清晰地看见和认清自己。

除此之外，**从他人那儿获得反馈也是更多地了解自己的重要途径。**这些他人可以是与自己有较长相处时间的父母、亲朋好友、老师同学等，也可以是短期活动中的同伴、合作项目中的共事者等。对于相处时间久、关系较为紧密的他人，我们也许可以找适当的时机较为正式地询问和听取他们对我们的认识和反馈，当然如果需要，我们也完全可以在日常生活中较为随意地与他们聊聊有关我们的事；与关系不是很紧密的他人交流时，一般我们聚焦于和其一起参与的具体活动或事件中他们的观察、印象和反馈，有时这种实时的回应也能给我们即小见大的发现和领悟。这儿特别还想说的是，心理咨询其实也是一种了解认识自己的专业有效的方式，因为除了针对特定心理困扰进行咨询外，心理咨询亦有着帮助来访者拓展和深化自我认识并发展自我这一重要功能。

关于帮助自我认识较为通俗的心理书籍，树洞君想推荐《少有人走的路》《当下的力量》《接纳不完美的自己》《幸福课——不完美人生的解答书》和《故事的疗愈力量》。除此之外，树洞君觉得许多优秀的文学作品也可以帮助到我们了解自我，因为在这些文学作品中往往包含许多打动我们的言语、事件和人物，而这些通常都和我们的自我认同和价值观相联系，如果你好好地去发现这些联系，进一步去追问和探寻这些联系以及背后自己的经历，很可能会发现在这些作品中你也更多读出了自己，更好理解了自己。

树洞主人：方圆